维利里奥论媒介

约翰·阿米蒂奇(John Armitage) 著

刘子旭 译

传播与中国译丛——媒介道说系列

黄旦 孙玮 主编

Virilio and the Media

中国传媒大学出版社
·北京·

目 录

- "媒介道说"序 / *1*
- 中译本序 / *15*
- 译者序 / *17*
- 致　谢 / *23*

- 导　言 / 001

　　维利里奥的学术简介 / 005
　　五个关键概念:美学与超越 / 010
　　结论:维利里奥论媒介 / 020

- 第一章　消失美学 / 023

　　引　言 / 023
　　我们所见的世界正在消逝:"失神"世界的
　　　美学研究 / 024
　　失神症美学 / 027
　　阈下舒适的技术假体、影像与大众
　　　个人主义 / 030
　　技术超越 / 033
　　消失美学 / 038
　　结　论 / 044

- **第二章　电影、战争与感知后勤 / 047**

  引　言 / 047

  电影、战争和消失美学 / 047

  消失美学、电影与"飞入未知领域"之现代

  　技术超越的升级 / 052

  电影与消失美学：让·鲍德里亚 / 058

  消失美学与感知后勤 / 062

  结　论 / 069

- **第三章　新媒体：视觉、惯性与手机 / 071**

  引　言 / 071

  视觉机器 / 075

  极惯性：登月的影响 / 078

  手机：万能遥控器 / 082

  万能遥控空间的起源 / 084

  统计型影像、极惯性与事故：社会政治

  　控制论的逐渐扩散 / 086

  结　论 / 093

- **第四章　恐慌城市：电视的工具性影像循环**

  与媒介事件 / 095

  引　言 / 095

  《事件景观》：恐怖主义的变异 / 096

  恐慌城市：电视的工具性影像循环 / 102

电视的工具性影像循环,戏剧化
 军事主义及视觉分神话语 / 105
电视的工具性影像循环、媒介事件
 与情感同步 / 111
结　论 / 114

- **第五章　技术艺术批评家的工作:事故博物馆 / 117**
  引　言 / 117
  媒介理论的美学视角:当代艺术与技术
   研究的批判性与非批判性方法 / 121
  艺术、技术与文化:维利里奥的
   事故批判 / 126
  美学批判:事故博物馆 / 129
  《肉眼可见的艺术》:博物馆之夜 / 134
  结　论 / 138

- **结　语 / 139**

- **深入阅读指南 / 149**
- **词汇表 / 159**
- **参考文献 / 165**
- **索　引 / 177**

"媒介道说"序

辨音闻道识媒介

黄 旦

从一个故事说起。

以《闲情偶寄》立名于中国文学史的李渔,写有一部小说,名《十二楼》。内中有《夏宜楼》一卷,说的是一瞿姓相公,"亏得一件东西替他做了眼目","微光一隙仅如丝,能使瞳人生翅",偷窥到居于夏宜楼的詹姓小姐之美貌,心生莫名爱意。于是他灵机一动,将远望高探而得的楼内女方动静,借助媒人之口,一一说与詹小姐听,以示天生有缘,唬得这位小姐毛骨悚然。门禁之内的夏宜楼,男女有别,旁人不能随便进出,其动静连自家人都未必尽知,偏一个外人竟一清二楚。詹小姐百思不得其解,疑非得神助不能,遂"把个肉身男子"就当成了"蜕骨神仙"。"这等看起来,竟是个真仙无疑了!丢了仙人不嫁,还嫁谁来!"詹小姐也不是没有担心,"神仙"是否有"真形实像","不要等我许亲之后他又飞上天去,叫人没处寻他"。到了新婚夜,詹小姐初近新郎,战战兢兢,"还是一团畏敬之意,说他是个神仙,不敢十分亵狎",至半夜却发现其"欲心太重,道气全无",根本就是凡夫俗子一个。她狐疑中追究缘由,"件件查问到底",才知此桩美事功德,全得力于一个"法宝"——千里镜。瞿相公偶尔从市场购得此物,在高山寺租得一间僧房,遍扫各处房屋。之前种种,正是这双"千里眼"居高临下所功。让人想不到的是,知道真相后的詹家小姐,惊诧之余,并未显上当受骗之恼怒,反正色道:"这些情节虽是人谋,也原有几分天意,不要十分说假了。"第二天恭恭敬敬就把这件"法宝"供在了夏宜楼,做了家堂香火,夫妻二人不时礼拜。

在我看来,这就是一个媒介道说的故事。

媒介,是英文 media 的汉语译词。英文的 media,源自拉丁文 medium,意指中间。medium 一词大致有三种意涵:第一,比较古旧且运用普遍的意涵,指的是"中介机构"或"中间物"。这个意涵源于一个特别的物理或哲学的观念:一种感官(或一种思想)要去体验(或表现)必须有一个中间物。第二,着重落在技术层面,例如将声音、视觉、印刷视为不同媒介(media)。第三,专指资本主义。在这层意涵里,报纸或广播事业被视为另外事物(如广告)的一个媒介。① 也有学者为此勾勒出一条变化的线索:古典拉丁文 medium 指的是某种中间的实体或状态,但在古典之后的拉丁文以及 12 世纪之后的不列颠资料中,媒介则指从事某事的方式。一方面,媒介可以视为一种偶然性的存在,它使得现实世界中的诸多现象相互关联,或将现实世界与可能性世界相互关联。另一方面,从现代意义上来看,媒介是一类特殊资源。直到 1960 年,媒介才成为一个术语,描述实现跨时空社会交往的不同技术与机构,并因此受到特定学术领域的关注和研究。② 中国的古汉语,只有"媒"字,并无"媒介"一词。按《说文解字》中的解释,"媒即谋也,谋合二姓者也"。"谋合二姓",不仅"媒"(谋)的位置居间,而且是介入——撮合二姓的第三者。由此可见,media 或"媒",就其本义及其谱系,主要意为居中(中介机构或中间物)位置及交接转化(从事某事的方式),重点是中介行为。③ 按我的说法,媒介是有"媒"有"介",是连接、触发与转变的不断运作,是媒—介的互动和呼应。通俗地讲,就是一场"交易"④。故凡是媒介,必是从关系着眼,否则就是技术或物件。媒介

---

① 威廉斯.关键词:文化与社会的词汇[M].刘建基,译.北京:生活·读书·新知三联书店,2005:299-300.
② 延森.媒介融合:网络传播、大众传播和人际传播的三重维度[M].刘君,译.上海:复旦大学出版社,2012:59-60.
③ 德布雷.媒介学引论[M].刘文玲,译.北京:中国传媒大学出版社,2014:10.
④ 德布雷.媒介学引论[M].刘文玲,译.北京:中国传媒大学出版社,2014:76.

学就是研究关系方面的东西而不是物体。① 之所以习惯于将某种技术和机构(比如报纸)命名为媒介,在于预先已设定其为"实现跨时空社会交往"。

夏宜楼"有绿槐遮蔽,垂柳相遭,自清早以至黄昏,不漏一丝日色",如此幽密荫深之所,却被"微光一隙仅如丝"的千里镜穿破,从而引出这一实体空间,与高山寺的瞿生照面。高山寓意宽广、挺拔和敞亮,乃为"夏"之意象;夏宜楼,则是三面环水柔软清凉,为避暑之胜,故有"宜"之谓。一阳一阴,偏因"千里镜"相遇而碰撞交汇融合,孕育出新的关系和生活。千里姻缘一镜牵,夏"宜"楼化成了宜"夏"楼。千里镜就是千里"媒"!"传媒与工具和机器不同,工具和机器是我们用来提升劳动效率的器具,而技术的传媒却是一种我们用来生产人工世界的装置,它开启了我们的新的经验和实践的方式,而没有这个装置,这个世界对我们来说是不可通达的。"② 千里镜是如此,贵州的中国"天眼"——FAST望远镜也是如此,无人不知的报纸、广播、电视等,均因此而成其为"媒介"。

媒介以它特有的方式解蔽现实并将之带到我们面前,这是一种中介了的现实。"想独上高楼读一遍《罗马

---

① 德布雷.媒介学引论[M].刘文玲,译.北京:中国传媒大学出版社,2014:73.
② 克莱默尔.传媒、计算机和实在性之间有何关系?[M]//克莱默尔.传媒、计算机、实在性——真实性表象和新传媒.孙和平,译.北京:中国社会科学出版社,2008:7-8.

衰亡史》,忽有罗马灭亡星出现在报上"(卞之琳,《距离的组织》),从而导致场景重新组合和分化交叉,引入一种并不依赖于固定地点的新场景,新的角色行为模式就在新的社会场景中诞生。^① 媒介抵达之处,既是世界所在之"界",同时也是"新世界"敞开之时。"计算机界所说的实时、媒体界所说的'现场'等效应都深刻地——同时也可能在根本上——改变了事件化的原义,改变了时间和空间的存在"^②,由此也就改变了人的存在。人体在感知比率变化中既延伸又自我截除,在一伸一缩中调适与外界的关系尺度。^③ "媒介就是认识论","任何认识论都是某个媒介发展阶段的认识论"^④。所谓"媒介环境",所谓"媒介环境学",或者梅罗维茨认定的"新场景",应该是在这样的意义上来理解的。这是超越了自然、社会和人,同时又使之重新联结并组合的第三种环境。^⑤ 夏宜楼的故事,已经让我们充分领略到这一点。自从"千里镜"登堂入室,它的内外格局和关系结构就已千疮百孔,不再是原

---

① 梅罗维茨.消失的地域:电子媒介对媒介行为的影响[M].肖志军,译.北京:清华大学出版社,2002.
② 斯蒂格勒.技术与时间:爱比米修斯的过失[M].裴程,译.南京:译林出版社,2012:18.
③ 麦克卢汉.理解媒介——论人的延伸[M].何道宽,译.北京:商务印书馆,2000.
④ 波兹曼.娱乐至死[M].章艳,译.桂林:广西师范大学出版社,2004:30.
⑤ 斯蒂格勒.技术与时间:爱比米修斯的过失[M].裴程,译.南京:译林出版社,2012:90.

来的夏宜楼,哪怕看上去景色依旧。新婚之夜的詹小姐,面对瞿生的全盘托出,不能不信又不愿完全接受。所谓的"不要十分说假了",实则是不能十分说假罢了。幻想的破灭,也就是现实的毁灭。顺着既有真真假假(真实与虚拟)的逻辑,是唯一的出路。这正说明夏宜楼回不到从前也不可能再回到从前。"千里镜"被奉为"法宝","做了家堂香火",活生生地演绎了"媒介道说"中的"道成肉身"。此后的夏宜楼不能不在"法宝"的不时礼拜中存在,并讲述其以往和未来。或许在库尔德利看来,这不过是人通过媒介做什么或是在做什么与媒介相关的事①,然而,人的此种"做"必是与媒介的设定及其刺激、推动断不开的。"通过媒介做什么"和"做什么与媒介相关的事",首要的必是与"什么媒介"有关。看报纸和看电视就不是一回事,否则戴扬和卡茨也就用不着专拿电视来演说"媒介事件"②。媒介"并不简单地传递信息,它发展了一种作用力,这种作用力决定了我们的思维、感知、经验、记忆和交往的模式"③。

---

① 库尔德利.媒介、社会与世界[M].何道宽,译.上海:复旦大学出版社,2014:41.
② 戴扬,卡茨.媒介事件[M].麻争旗,译.北京:北京广播学院出版社,2000.
③ 克莱默尔.传媒、计算机和实在性之间有何关系?[M]//克莱默尔.传媒、计算机、实在性——真实性表象和新传媒.孙和平,译.北京:中国社会科学出版社,2008:5.

"媒介的魔力在人们接触媒介的瞬间就会产生"①,这"魔力"即是媒介作为一种"装置将诸要素聚集在一起的某种生成",是诸要素"安排、组织、装配在一起的"创生过程。② 媒介不仅仅只是"处于中间位置的",它对通过中间项的两者起作用。它要在不可逆转的过程中创造出一个模型,超越所有的企图。③ 瞿生的隔空远扫,媒人的巧舌如簧,口信和诗文的情意脉脉,詹小姐的懵懂好奇,夏宜楼的特定空间,詹父的势利专横,詹家在朝为官的儿子,其他的求婚者,等等,一干人事全因"千里镜"的介入而现形,环连成网,各自激发,"每一种元素都有助于界定其他元素,每一种元素都为信息在系统中流动做出贡献"④,构成了特殊的传播事件——这段奇异之婚姻并重构了夏宜楼。"生成"不是融合、不是共存,而是一种转化,各自在媒—介中成其所是,形成一种全新的生态。媒介也在这种"活生生的力量漩涡"⑤中,敞开和绽放自身。李渔的"夏宜楼"实就是"千里镜"化的世界。试想,若不是"千里镜"而是电话(据研究,19 世纪晚期美国电话使用的增加,

---

① 麦克卢汉.理解媒介——论人的延伸[M].何道宽,译.北京:商务印书馆,2000:42.
② 德勒兹.关键概念:第 2 版[M].田延,译.重庆:重庆大学出版社,2018:91.
③ 德布雷.媒介学引论[M].刘文玲,译.北京:中国传媒大学出版社,2014:125.
④ 海勒.我们何以成为后人类:文学、信息科学和控制论中的虚拟身体[M].刘宇清,译.北京:北京大学出版社,2017:34.
⑤ 麦克卢汉.麦克卢汉序言[M]//哈罗德·伊尼斯.帝国与传播.何道宽,译.北京:中国人民大学出版社,2003.

由于交流和声音接触的便利,的确促进了情爱事情的发生①),其所引发的"魔力"就不同,至少天上掉不下这位瞿哥哥。夏宜楼的整个过程、所有关系及其情节戏码都得推倒重来。所以,媒介——就是媒—介的召唤和应答——就是媒介道说:"让我们通向那个由于与我们相关而伸向我们的东西","让我们进入与我们相关或传唤我们的东西"。媒介"就是在如此这般允诺着的道说中显示自身本质"②。本译丛定名为"媒介道说",就是得自如是的启示。

《约翰福音》的"太初有道",亦可称"太初有言"。故"道"即"道说"(logos),又译为"逻各斯",在西方文化思想中有着重要影响。称"logos"为"道说",就为表明前者作为一个语言符号自身的内在力量与功能。③ 据研究者,"logos"——道说,与老子的"道"类似,是话语,也是道理之理或道本身④,由此与中国文化和思维方式有了几分亲近。海德格尔把"道说"视为语言本质,是语言的语言。"道说"是把作为语言的语言带向语言,使人通达语言之大道。"道说"即语言本质显身,人们是"在说话(作为顺

---

① MARVIN, C. When old technologies were new [M]. NY: Oxford University Press, 1988.
② 海德格尔.在通向语言的途中[M].孙周兴,译.北京:商务印书馆,2005:190,255.
③ 芮欣.道说:从逻各斯到倾空[M].北京:北京大学出版社,2013:11.
④ 陈嘉映.海德格尔哲学概论[M].北京:生活·读书·新知三联书店,1995:298.

从语言的听)中","跟随被听的道说来道说"的,所以是"语言说话"①。

如果把海德格尔的"道说"与人的存在关系之特殊意义(语言是存在之区域,存在之圣殿,存在之家②,所以技术就成为"座架")暂且放在一边,仅从他开启语言"本源"或"本质"的"道说"之思,或者以"道说"作为"道理之理",亦即"作为一个语言符号自身的内在力量与功能"之意,译丛名为"媒介道说",就是想破解传播学中将媒介仅仅视为器具、工具的固有思维。"器具是被有用性和需用性规定了的,所以,器具就把它由之据以形成的质料纳入了自己的有用性中"③,最终留下的是用处、是效应,媒介却消失不见。由此我们希望读者从一个新的、立足媒介自身内在力量的——海德格尔所提示的"一件东西从何而来,通过什么它成为一件东西,这件东西是什么,它如何是"④这一存在"本源"亦即"道说"的角度出发,来阅读这套译丛。有新视角,才会发现新亮光。读书是如此,研究亦是如此。

---

① 海德格尔.在通向语言的途中[M].孙周兴,译.北京:商务印书馆,2005:239,254.
② 海德格尔.诗人何为?[M]//孙周兴.海德格尔存在哲学.北京:九州出版社,2004:152-216.
③ 海德格尔.艺术作品的本源[M]//熊伟.存在主义哲学资料选辑.北京:商务印书馆,1997:428.
④ 海德格尔.艺术作品的本源[M]//熊伟.存在主义哲学资料选辑.北京:商务印书馆,1997:402.

"媒介道说"并不主张什么媒介中心主义,也不赞成把人视为中心,此二者本就同根孪生一体两面彼此强化,尽管看上去像是针尖对麦芒。此种非此即彼,注定听不到媒介道说之"大音"。如果一定说有中心,"媒介道说"的中心就是人与媒介的共存以及相互介入和运作这一根本,并由此切近媒介并道说媒介。基特勒将人类传播媒介历史切割为两段:文字媒介阶段和技术媒介阶段。前者以语言编码为基础,后者则完全按照现代数学编码公式而运作。① 目今所谓的"后人类",所谓的"虚拟真实",不正源自数字编码媒介的变迁吗?媒介关乎人的习性、生活方式和自我构成,并与人共时并进。"不同的文明依赖的传播媒介各有不同。"②媒介造就人,一代媒介自成一代人。英尼斯的《传播的偏向》、波斯特的《信息方式》、卡斯特的《网络社会的崛起》等,都已经从不同层面为我们做了见证。据调查,虚拟现实技术已经影响了目前人们对于现实生活的看法,有人曾在问卷中直截了当地回答:"现实并不是我最好的窗口。"③以此看,美国芝加哥学派早期代表人物库利是颇有见地的。他认为,人类的本性来自两条生命传递线:一是生物种性;一是语言、交流和教育。只可惜他始终抱定这是两条"明显分开的河道",

---

① 基特勒.传播媒介史绪论[J].文化研究,2013(13):235-254.
② 伊尼斯.帝国与传播[M].何道宽,译.北京:中国人民大学出版社,2003:8.
③ 海勒.我们何以成为后人类:文学、信息科学和控制论中的虚拟身体[M].刘宇清,译.北京:北京大学出版社,2017:36.

也就找不到其交汇之处,最终落在了生物有机体对社会的适应上①也是不得不然。

既属"人类本性",人与媒介的相接相嵌就非后天强加,而是与生俱来。人,按照盖伦的说法,天生就不是自足的生物,只能依赖于预先构成的自然条件。因此,技术成为人类自身本质的最重要的部分,正像人本身一样形成了一种人造的性质。②用斯蒂格勒的表述,人因"原始性的缺陷",故必以技术的弥补而诞生和存在:技术就是人的代具。代具并非人体的简单延伸,它构成"人类"的身体;代具也不是人的一种"手段"或"方法",而是人的目的。人是以技术的"外移的过程",运用生命以外的方式来寻求生命的。人与物(工具)的共时共生,标志着在有机体和它的环境之间出现了一种新型的关系,一种新的物质类型:即一种有机体(有机化的个人)同环境(一般意义上的、有机的和无机的物质)的关系,是由一种有机化而又无机的物质为中介来实现,而且二者互为激发:当"什么"在被"谁"发明的同时,也发明了"谁"③。这同样是唐·伊德所坚持的。他以为,人从伊甸园下到尘世,就是

---

① 库利.人类本性与社会秩序[M].包凡一,王源,译.北京:华夏出版社,1999:5.
② 盖伦.技术时代的人类心灵:工业社会的社会心理问题[M].何兆武,何冰,译.上海:上海世纪出版集团,2008:4.
③ 斯蒂格勒.技术与时间:爱比米修斯的过失[M].裴程,译.南京:译林出版社,2012:19,126,166,20,193.

和技术相伴相行。"对于人类来说,没有技术的生存只是一种抽象的可能性",除非是被圈在一个"孤立的、被保护的和牢固的乐园"里。"文化—技术的生活形式",也就因此"限定了所有经验性的人类社会"①。

这样的视野,就是我们透视媒介和人之间关系的基础。依斯蒂格勒的"技术史同时也就是人类史"②的说法,我们也可以毫不迟疑地说,媒介史同时也是人类史,"媒介学的起源应该是人类学"③。勒鲁瓦-古兰说:"人类群体在自然中的行为就像是一个生命肌体,……它通过一层物体(工具、器械)的中介来适应自己的环境。人类用斧头砍伐,用箭、刀、锅、匙来取食肉类。人类就在这样一种中间层之中取食、自我保护、休息和行动。"④中间层即为媒介。仿照卡西尔的说法,这就是由"劳作"(work)划出和规定的"人性圆圈"⑤。媒介道说就是顺着这样的通达让我们来倾听的。

"媒介道说"译丛,集中展现了不同学科各位名家大师的媒介论述和思想。首先,多学科的思想源流和横岭

---

① 伊德.技术与生活世界[M].韩连庆,译.北京:北京大学出版社,2012:14,20.
② 斯蒂格勒.技术与时间:爱比米修斯的过失[M].裴程,译.南京:译林出版社,2012:147.
③ 德布雷.媒介学引论[M].刘文玲,译.北京:中国传媒大学出版社,2014:15.
④ 斯蒂格勒.技术与时间:爱比米修斯的过失[M].裴程,译.南京:译林出版社,2012:164.
⑤ 卡西尔.人论[M].甘阳,译.上海:上海译文出版社,1985:87.

侧峰的不同入角,大大越出了原有传播学中媒介理论之一脉,将会为我们重新理解媒介,尤其是在今天这样的数字移动背景下审视媒介,提供重要的思想资源。这是我们主持出版该套丛书的初衷之一。其次,几年前我们就提出,应将"媒介"确定为传播学研究的重要入射角,这不仅是为了纠正传播研究重内容、重效果而忽视媒介的偏向,更重要的是,我们认为从"媒介"入手最能抓住传播研究的根本,显示其独有的光彩。近些年我们在这方面的探索也证明了这一点,并已经初步形成了特色,得到全国同道的关注和呼应。其结果是大大地扩展了人们对于传播的理解,开辟了新的研究议题,重组了研究的领域,使传播研究的面貌和气质得到了一定程度的改变。因此,选择这样一套译丛,既是我们研究设想使之然,同时也希望借此为进一步推动这方面的研究添柴加火。最后,也是最重要的一点,即译丛的多学科特色,恰恰表明了"媒介"的极端重要性,它关涉人类社会的各个方面(当今数字技术的运用和影响就说明了一切),因而也是所有学科关注的焦点。因此,这套译丛可以成为一个四通八达的媒介,它将伸入各个学科,汇聚八方来客,共同思考,共同道说,"嘈嘈切切错杂弹",携手创建中国传播研究的新蓝图。

自然,收入本套译丛的每本书,都是研究者对某一位学术名家媒介论说的梳理,属于"道说之道说"。这些"道说"及"道说"者拥有不同的学科和知识背景,其切入角度不同,问题指向不一,论述逻辑各异,基于不同的价值立场和媒介经验,就其内容而言,可以起到方便接引的作用,作为研究的初步向导,激发读者深入探索的兴趣。它既不能代替原著的阅读,更不是模仿照搬,"泥洋不化",好比夏宜楼里的"千里镜",做了个现成供奉的"宝物"。相反,我们要立足中国的媒介实践、传播经验和现实问题,从"媒介道说"中批判性地吸取养料,大胆想象,深耕细作,不懈努力,形成并发出中国学者之"媒介道说",并由此与世界对话。这,是我们的期待,也是每一位媒介学者应有的承当。

"哲学最终可能只不过是媒介理论而已"[①],对这个大胆的预测,我没有能力评判。不过由此倒让我想起海德格尔喜欢征用的两句诗:"词语破碎处,无物可存在。"现就将之稍作改动,以鹦鹉学舌结束这篇不算短的文字:

媒介破碎处,无物可存在。

媒介道说。

---

① 哈曼.铃与哨:更思辨的实在论[M].黄芙蓉,译.重庆:西南师范大学出版社,2018:219.

中译本序

亲爱的中国朋友们,《维利里奥论媒介》包含两个方面的决定性内容：一方面是对脸书与微信、YouTube 与微博、WhatsApp 与 QQ、陌陌与优酷等社交媒体的技术超越下人类世界的消失的美学批判；另一方面，则是对此种消失的初步的"维利里奥式"批驳。我在埋头研读维利里奥的著作之后得出的结论是，在当代世界，技术超越已然通过手机和人机界面、虚拟世界、网络游戏、动画以及互动装置等"新媒体"将人类文化转变成了飞入未知领域的普遍行为，这就要求我们把电影和战争当作后勤和感知系统加以研究讨论，才有希望超越对消失美学的自以为是的谴责，进而提出对技术超越的深度阐释。

很显然，上述两个方面是《维利里奥论媒介》一书的基础，它们能够也应当由本书的读者来完成，因为它们存在的原因并未消失，当前的时期也因此尤为需要**美学批评**。此外，今天的视觉与技术批判对于手机等技术及其遥控我们身体与行为的能力必须给出更为复杂的理解。不仅如此，我们必须继续发展维利里奥在《极惯性》等著作中提出的超乎寻常的分析,以便考察控制论空间和越来越细致的图像阐释、更加多面的事故建构,以及对控制论的社会化和政治化的更具差异性的估量等方面的问题。在我们的时代,这样的澄清,无论是在中国还是西方,必须成为理论的核心,才能帮助我们从维利里奥所说的"恐慌城市"中获得某种解放。换言之,今天我们必须用新的形式对媒介化事件景观进行新的批判,这样的批判,如本书所示,要考虑到恐怖主义的变化和电视的影像循环、视觉分神话语以及我们情感的同步。

然而,除了主要的对手(当代技术超越的持续升级)之外,还有着以下两种姿态本质上的共存:没有细致研究与批判的恰当工具,也就没有合理的谴责;没有具有美学倾向的即将发生的技术事故方面的媒介与文化理论,也就没有"维利里奥式"的技术艺术批判。

约翰·阿米蒂奇
于英国温切斯特
2019 年 1 月

译者序

保罗·维利里奥(1932—2018)是21世纪最主要的媒介理论家之一,他关于"消失的美学"的创造性研究为他赢得了声誉,这一概念在媒介理论家中引起了越来越多的讨论,同名著作被广泛视为视觉艺术、电影与新媒体、文化和政治地理学以及博物馆学等领域内本科生和研究生的重要教材。除此之外,维利里奥在其长期的学术生涯当中积累了数量庞大的其他媒介方面的著作,展示了他对美学、艺术与技术、视觉、电影、战争、城市、恐怖主义、新媒体等方面的广泛关注,任何关注当代美学、媒介理论、艺术技术的批判研究的人都无法绕开。英国学者阿米蒂奇写作《维利里奥论媒介》一书的目的,在于让读者熟悉维利里奥对于当今媒体世界的一系列批判性研究及其显著成果,并在美学和哲学方面澄清消失的概念及其各种衍生概念。

对于这样一位如此重要而高产的学者而言,这显然是一个迟到的介绍:维利里奥的学术生涯始于20世纪60年代,他的研究从建筑、城市设计逐渐过渡到了媒介与文化的军事化问题。他最有影响的著作《消失美学》(*The Aesthetics of Disappearance*)发表于 1980 年,但英译本的出现却是在 2009 年,虽然从 20 世纪 80 年代末开始其著作开始被陆续译成英文,但更多的英译本和在国际学术界广泛为人所知,则是 21 世纪的事情了。《维利里奥论媒介》出版于 2012 年,而中译本出现已是 2019 年。从这里可以看出学术研究在全球传播所遵循的典型路线:从欧洲大陆(特别是法国)发源,于北美被再次发现,再到世界范围内学术界的普遍关注,从卢卡奇、葛兰西到本雅明,从海德格尔、福柯、德里达到阿甘本,莫不如是。地缘政治的因素显而易见,这一现象,我们可以称之为学术传播的政治经济学。

  回到正题,维利里奥关于媒介的著作的核心是艺术与技术、美学、消失等方面的重要问题,并且,无论他的研究对象是一部经典电影、军事文件、后勤学还是人类感知,他关注的焦点始终是具体话题所唤起的艺术与技术方面的重大问题。维利里奥首先是一位艺术批评家和技术哲学家,他的研究对象是我们所处的文化以何种方式安排和管理我们的生活,他所考察的任何事物,从新媒体和视觉到手机、惯性、事故,都为这一核心观点提供了例证。他坚持不懈地与传统的城市观以及关于恐慌、暴力、地域和电视直播事件的传统观念进行辩论,他的著作常常是复杂而令人焦虑的,但同时也令人振奋和感动。

  五个概念构成了本书考察维利里奥的媒介相关著作时的关键因素,也支撑起全书的结构框架:(1)美学。美学通常和艺术作品的主体无关,而是和它们的展现方式或组织特征相关,它包含有圆融自洽的"艺术哲学"或者整个文化的创造性方面。第一章展示了《消失美学》提出的很多主题,同时详尽考察了维利里奥关于我们怎样能够在哲学、方法论、技术和视觉上应对消失美学的论述;(2)电影。两次世界大战的起因及影响与电影的发展密切相关,"战争电影"在区域与全球冲突的设计与执行过程中成为至关重要的战略机器。第二章仔细分析了维利里奥关于20世纪的电影和冲突的专著《战争与电影:知觉的后勤学》(War and Cinema: The Logistics of Perception),并在此基础上认真考察了"感知后勤"(logistics of perception)这一至关重要的概念,展示了维利里奥是如何把电影化的战争观念(cinematic ideas of war)与消失美学联系起来;(3)新媒体。近年来传播媒介与数字技术和计算机的融合,或者说与网络出版工具、数字电视、手机、电脑游戏、因特网、图形编辑程序等"新媒体"的融合,对于电影和电视等更具现代性意味的文化机构提出了挑战。如卡斯特(Communication Power, Blackwell, 2009)所言,新媒体所包含的不仅有"传播力量"的开拓性方法,还有在手机等电子装置所产生的数字化视觉表征和技术化知觉的条件下思考和行动的新方式,面对这样的新媒体,我们能否接受这些问题的存在并加以应对才是真正的问题。鉴于维利里奥的媒介理论特别留意视觉及其相关技术(如手机)的后果,第三章通过介绍《视觉机器》(The Vision Machine,1994b)、《极惯性》(Polar Inertia,2000a)和《灾难大学》(The University of Disaster,2010a)对他在这些话题上的观点进行了评价;(4)城市。信息与传播技术的直接的、共时的、瞬间引发的、无处不在的影响导致城市不再是有着自身边界的中心场所,新自由主义全球化和传输革命使得所有城市被纳入到了统一时间下的网络之中,成为"幽灵景观"。在似乎无历史的后现代城市中,除了手机和iPad以外,是消费文化不断膨胀的新奇事物和电脑化或电视化的影像与媒介事件,还有哈维(1991,*The Condition of Postmodernity*)关于后现代城市的构想所包含的内容,即改变了的历史、社会经济计划、政治与文化组织,涉及城市景观、雇佣关系的新观念,以及包含了财富积累与分配方面持续不平等的资本积累基本规律。在这一背景下,第四章探讨了恐慌时代的城市话题,并介绍了维利里奥对于恐怖主义和电视直播事件的回应;(5)"博物馆"。博物馆是记忆的场所,是为艺术学习提供灵感的场所,也越来越多地成为电视电影、摄影、录像、DVD、数字计算和互联网等大众化新媒体技术的场所。对维利里奥而言,21世纪的后现代博物馆还是展示工业化与技术的失败、故障和自然灾难的场所,也是与新媒体关联的问题域,因此,在某种程度上"事故博物馆"也就成为维利里奥用来思考媒介与媒介事件的独特的美学方法。这样,第五章重新回到艺术的话题,除了把他在美学批判、事故博物馆(museum of accident)、当代艺术博物馆的命运等方面的观点相关联以外,还仔细分析了他对于技术与文化的具体内容的理解,探究了维利里奥关于当代艺术与技术的思考,考察了他对于艺术批评家和技术艺术批评家的作品应当持有的观点。

自《消失美学》出版以来,上述这些概念之间的关联,再加上它们为哲学、电影、新媒体、城市和博物馆研究所创造出的可能性,一直是维利里奥所看重的内容。要把这些概念解释清楚并不容易,并且其中每一个都在媒介和文化理论家当中引起了大量的争论,《维利里奥论媒介》的目的是想要让维利里奥关于这些概念的研究尽量变得清晰易懂、切实可行。除了为这些概念给出一个大致的定义,还为当代美学等方面的讨论研究建立一个背景。

维利里奥在媒介方面所提出的重要问题成就了他在艺术与人文学科、社会科学和哲学等领域的重大影响,对于电影和新媒体领域的研究者而言,他的理论提供了多种不同的方法来考察传统的媒介传播过程、行业操作、方法以及对文化的看法。最为重要的是,维利里奥迫使我们重新思考每一个耳熟能详的概念,在他的研究中,消失、后勤、惯性、城市、事故这些"简单"词汇分别与美学、战争、传播技术、恐怖主义、博物馆等概念相关联,揭示出技术在后现代社会对艺术的结构性改变和技术本身的内在否定性。这种关联使得他提出的概念有时会变得不那么容易理解,如"感知后勤",这与其说是由于理论的晦涩,倒不如说是由于速度的加快使得我们对于当代文化的技术结构失去了敏锐的感知,忽略了电影技术与军事技术的同步发展与相互融合彻底改变了我们"看"世界的方式。又如"事故博物馆",维利里奥的分析并不是把事故视为某种深层结构的症状,而是认为事故就是每一个技术系统所蕴含的否定性可能,如果说技术科学的创新在传统上被认为是人类能力的不断积累、增强和扩展的线性进步,维利里奥决心凸显的事实则是任何此种进步都必然无法摆脱新的风险、危险和威胁的阴影。

阅读维利里奥的难处，在于摆脱技术科学的抽象思考，重新发现构成我们日常生活的感知，从本来的字面意义上理解各种看似抽象和晦涩的概念。借用齐泽克解释弗洛伊德的说法，潜意识的秘密不在于它埋藏在意识的最深处，而恰恰在于它始终附着在意识的最表层（Zizek，1989，*The Sublime Object of Ideology*），本书所涉及的各种媒介相关概念也是如此。

《维利里奥论媒介》这样一本小书，自然无法囊括所有维利里奥的重要思想，只能说是速成指南。如作者所言，它并不能代替维利里奥本人的著作，而是让读者能够以"更大的自信和更好的知识准备来开始阅读维利里奥的那些文本，这才是极具价值的智力训练。阅读维利里奥总是令人兴奋，他的媒介理论，对于批判性地理解当代世界的艺术与技术而言，无论怎样评价都不会过分"。

假如维利里奥让你觉得难懂，那么恭喜你：读自己看不懂的书，是通向更高境界的必要途径；慷慨地回报耐心的读者，是所有看似艰深的理论的共同特点。

最后，照例需要说明的是，文中的书名和人名在首次出现的时候都给出了英文原文，若干难以找到中文对应的概念或表述也做了同样处理，目的不仅是方便读者进一步查阅原文，也是为了尽量避免在难解之处以译者之昏昏，使读者之昭昭。书中超出译者本人的研究领域和理解能力的部分，也都已通过和作者的沟通进行了澄清，这里需要特别感谢作者的耐心与理解。倘若有挂一漏万之处，或仍有含糊不清甚至理解错误的译文，责任自然完全在于译者。

刘子旭

致　谢

我要向下面几位表示感谢，他们支持我完成了《维利里奥论媒介》一书：肖恩·库比特（Sean Cubitt），是他最初向我建议写作此书；保罗·维利里奥，目前为止，估计他和我一样惊讶，这已经是我第四本关于他的研究的著作了；安德里亚·德鲁甘（Andrea Drugan）和劳伦·穆霍兰德（Lauren Mulholland），他们在编辑《维利里奥在当下：当前维利里奥研究的各种视角》和写作《维利里奥论媒介》的过程中提供了完美的编辑、悉心的帮助、热忱的鼓励和体察入微的引导；最后，也是最重要的，是我在《文化政治》杂志的好朋友，瑞安·毕肖普（Ryan Bishop）、道格拉斯·凯尔纳（Douglas Kellner）、马克·费瑟斯通（Mark Featherstone），以及艺术家乔伊·加内特（Joy Garnett），后者在绘画上的大胆尝试使本书的封面大为生色。这些极为出色的伙伴们几乎每日与我讨论维利里奥关于媒介和诸多其他方面的思想，不仅帮助我更好地理解这个世界的矛盾本质，也让我更好地脱离了长期以来应对这个世界的既有方式。

约翰·阿米蒂奇

导 言

保罗·维利里奥(1932—2018)是 21 世纪主要的媒介理论家之一,他关于消失美学的创造性研究为他赢得了声誉,这也是《维利里奥论媒介》这本书的焦点所在,下面会有更为详尽的阐释。"消失美学"是维利里奥 1980 年出版的同名著作《消失美学》(Virilio,2009a)的核心,这一概念在媒介理论家中引起了越来越多的争论,并被广泛视为视觉艺术、电影与新媒体、文化和政治地理学以及博物馆学等领域内的本科生和研究生的重要教材。《消失美学》是维利里奥美学理论的首要读本,自从出版以来其影响日益增强,该书用四个巧妙衔接的部分简单明了地阐释了感知与速度、政治、社会、人类意识的痉挛状态、主体性和缺席。

"消失美学"将是本书第一章的主要话题,除此之外,维利里奥在其长期的学术生涯当中积累了数量庞大的其他媒介方面的著作,展示了他对战争、视觉、城市恐怖主义等方面的广泛关注,对于任何当代人文艺术、社会科学和哲学领域的研究者而言,这些著作都引发了令人深思的问题。本书的目的是让读者熟悉一系列关于维利里奥对于当今媒介世界的批判性研究及其显著成果,并在美学和哲学方面澄清其关于消失的思想。

维利里奥关于媒介的著作的核心是艺术与技术、美学、消失等方面的重要问题。并且,无论他写作的对象是一部电影杰作、军事文件、后勤还是人类的感知,他关注的焦点始终是具体话题所唤起的艺术与技术方面的重大问题。维利里奥首先是一位艺术批评家和技术哲学家,他的研究对象是我们所处的文化以何种方式安排和管理我们的生活,他所考察的任何事物,从新媒体和视觉到惯性、手机和事故,都构成了这一批判性理解的一部分。他坚持不懈地与传统的城市观以及关于恐慌、暴力、地域和电视直播事件的传统观念进行辩论,因而他的著作常常复杂而令人焦虑,但同时也令人振奋和感动。

虽然,维利里奥不会始终使用自己创造的概念,但是,在很多关于媒介的著作中,他集中讨论的都是从他称之为"消失美学"的概念所衍生出来的各种问题。消失美学这一概念近年来获得了某种时髦的、或许是宿命论式的声誉,人们经常把它和已故的法国媒介理论家让·鲍德里亚(Jean Baudrillard,1929—2007)的著作联系起来,例如,鲍德里亚所说的"人类从其中消失了的[当代文化]世界",及其对人类的"自然"衰竭、灭绝甚至被消灭的主张的反驳(2009:9-10)。那些强调自然资源衰竭或物种灭绝的人们在评论消失美学时常常受到批评,因为,他们坚信在当前媒介理论中,消失美学必须是物理过程或自然现象。鲍德里亚(2009:10)主张的出发点就是:人类是"唯一能够发明出与自然规律全然无关的特定消失模式的物种",而媒介理论的目的只不过是探索一种新兴的"消失艺术"并从中得到乐趣。鲍德里亚对于消失美学的阐释与维利里奥的哲学观点有很大区别,同样地,对于鲍德里亚的主张,即在消失美学的时代,人类被"真实的消失"和"媒介、虚拟世界以及网络时代中对真实的谋杀"所把控,维利里奥虽然了解,但是在自己的著作中却始终持反对意见。原因在于,即便他承认人类创造了超越自然规律的消失形式,他在媒介方面的著作中却始终在追问:在没有人类、人类艺术甚至现实本身存在的情况下,我们应当如何用符合道德伦理的方式进行理论上的研究和行动?对于人类在现代社会通过技术科学改造真实世界的做法,维利里奥并没有只是简单地陷入痛苦;同时,面对从未间断的技术科学发明的实施应用,也没有让他为技术科学的分析或知识的失败而感到高兴。相反,他坚定地寻求新的方法来考察技术科学装置的美学范围及其文化,以便发现替代性的媒介理论与实践,改造这些技术世界和我们的世界使之变得富有人性和同情心。因而,对维利里奥而言,美学哲学家最重要的工作就是以同样的力量,既挑战人类滑向技术引发的消失阶段,也挑战自然法则之外的那些消失模式的巨大力量。这些概念都颇有难度,在下面的章节中我会逐一地给出深入浅出的解释。

维利里奥在媒介方面所提出的重要问题在艺术与人文学科、社会科学和哲学等领域产生了重大影响,对于电影和新媒体专业的本科生而言,他的理论提供了多种不同的方式来考察传统媒介传播的过程、行业操作、方法以及我们对文化的看法。他在电影方面提出的重要观点,例如,在第二章和第三章会分别提到,战争衍生出的"感知后勤"和"视觉机器",产生出重新构想电影文化与政治的极具说服力的分析;而他关于数字、计算机化或网络信息与通信技术的破坏性结果的观点使他关于"极惯性"及无数其他灾难的媒介理论完全适用于当代全球媒介研究。文化或政治地理学的研究生则会发现,维利里奥在媒介方面的著作中对于若干重要的古代和现代哲学家关于城市的著作有着富于启发性的研究,并提出了新的理解,其中最为突出的是亚里士多德(Aristotle,公元前384—前322)和马丁·海德格尔(Martin Heidegger,1889—1976),也有近代思想家如法国哲学家莫里斯·梅洛-庞蒂(Maurice Merleau-Ponty,1908—1961)、哲学家兼电影理论家吉尔·德勒兹(Gilles Deleuze,1925—1995),维利里奥和德勒兹一起发明了"控制社会"(Virilio and Armitage, 2011:30)等诸多概念;除此之外,还有鲍德里亚等很多著名的后现代媒介理论家。除了对现代城市的哲学、政治和地理意义的理论研究之外,维利里奥对于现代城市及其恐慌文化有着广泛的了解,这一点对于那些电视、媒介和当代事件的研究者们有特别重要的意义,我在第四章会有介绍。此外,虽然维利里奥的写作并不经常涉及单个的艺术作品,但他对于艺术、技术以及第五章提到的"事故博物馆"的批判性研究,决定了他作为至关重要的哲学家的地位,任何关注当代美学、媒介理论、技术艺术研究的人都无法绕开。对于上述每一个话题,维利里奥都提出了独特的思考角度和诸多令人信服的美学批判概念,呼吁要诚实地面对技术的本质,并且展现了打破学科界限的勇气。

维利里奥的学术简介

在《纯粹战争》(*Pure War*)一书中,维利里奥用平实的语言描述了他的媒介理论家(或者用他自己的话来说,"技术艺术评论家")角色:"每当有人说:'我不太明白你在做什么。'我都这样答复:'我来告诉你,我是一个技术艺术评论家。'明白了吗?就是这样。如果他们还不清楚,我就说:'想想艺术评论家与传统艺术的关系,然后用技术替换传统艺术,你就知道我做什么了。'就这么简单。"在其他场合,维利里奥告诉人们,作为"战争婴儿",他身上带有事故和灾难以及突发巨变的深深烙印,并提到他在索邦大学听过莫里斯·梅洛-庞蒂、让·瓦尔(Jean Wahl)和弗拉基米尔·扬科列维奇(Vladimir Jankévitch)的课(Virilio and Armitage, 2001: 16-18)。维利里奥于1932年出生于巴黎,然而,促使他最终成为法国媒介理论家的,是他参与的城市设计、对文化的军事化问题的研究,以及经历了"二战"期间纳粹占领法国后对地域控制的研究,这样的经历也深深地影响了他的写作。在1958年,他开始了对"大西洋防线(the Atlantic Wall)"的长期研究。所谓的"大西洋防线",指的是纳粹在"二战"期间沿整个法国海岸线修筑的15,000个军事堡垒,其目的在于抵御盟军的海上攻势。在某种程度上,他试图理解、改进和运用著名瑞士建筑家勒·柯布西耶(Le Corbusier, 1887—1966)晚年的思想。在20世纪四五十年代,为了简练地表达勒·科布西耶的观点,维利里奥在建筑上摒弃了自己早先主张的、也是科布西耶仍在积极推广的富于理性的平板玻璃和金属设计,转而采取一种全新的、反理性的、积极的雕塑风格。事实最终证明,这一新风格的影响毫不逊色。因此,按照科布西耶的说法,现代建筑师的任务就是建造像他所设计的马赛公寓(Unité d'Habitation at Marseille,1947—1952)那样的有着裸露的沉重混凝土附件和古怪屋顶的建筑。在维利里奥的研究生涯里,他就法国建筑的状况写过很多引发争论的文章,并积极介入城市设计的发展轨迹,这些逐渐演化成为一套完整的媒介理论,聚焦于感知和军事历史方面的文化哲学。

到了1963年,维利里奥和建筑师克劳德·巴朗(Claude Parent)一起建立起了后科布西耶时期建筑团体"建筑原理"(Architecture Principe),并出版同名杂志《建筑原理》,二者均采纳了他们自己的"倾斜功能"建筑理论,产生了两座重要的建筑:位于纳维尔市邦雷的圣伯纳黛特教堂(Church of Saint-Bernadette du Banlay,1966)和位于韦利济-维拉库布莱的汤姆森—休斯敦航天研究中心(Thomson-Houston Center of Aerospace Research,1969)(参见 Viriliao and Parent,1996a,1996b)。以巴黎为基地,维利里奥开始发表一系列文章,意在调整科布西耶的现代建筑思想使之更为激进。他还积极地参加了1968年5月的总罢工和学生领导的占领抗议运动。1969年,他被任命为蒙巴纳斯建筑专业学院(École Spéciale d'Architecture in Montparnasse)教授和工作室主任,并且,由于1968年5月"事件"的影响,他开始研究建筑、空间、城市和军事之间的关联,其研究成果体现在《地堡考古学》(Bunker Archeology,1994a)一书中,该书脱胎于他在1975年在巴黎装饰艺术博物馆举办的题为"地堡考古学"的摄影作品展。甚至在今天,这可能都是他涉及面最广、最具开创性的著作,这部短篇随笔和摄影作品集的内容令人激动但也常常令人极度焦虑。《地堡考古学》一书在开篇全面论述了如何把军事空间展现给人们,并扩展了军事空间的概念以便建立战争景观的地图学或年代学。接下来是对军事地堡的建筑学研究,在结尾部分,他用深受科布西耶影响的方式分析了冲突事件和"大西洋防线"影响下的时间和空间转换。在本书中,我并没有讨论《地堡考古学》,但是在这里需要提到很重要的一点:通过探索军事地堡这一类科布西耶式的巨大要塞,此书初步采用了维利里奥后来的方法,也就是用没有文字的、以"消失美学"(1994a:167-80)为题的系列摄影作品来完成他在消失美学方面的著作。

  在谈及维利里奥的晚期著作之前,需要提一笔他在20世纪70年代的作品,例如《领土威胁》(L'Insécurité du territoire,1976)、《速度与政治:速度学随笔》(Speed and Politics:An Essay on Dromology,2006)、《公众防卫与环保斗争》(Popular Defense and Ecological Struggles,1990),还有一系列关于当代地缘政治与军事、运输、战争的重要文章。然而,这些著作和文章并未反映出他在消失美学和媒介理论方面的主旨,而维利里奥的

《消失美学》才是本书的焦点和论述的主线,因为是《消失美学》一书的出版才使得维利里奥成为重要的媒介理论家,他的著作才会在今天影响着世界上其他媒介理论家和评论家。

可以说维利里奥后来所有与媒介相关的著作都是在某种程度上对《消失美学》内容的扩展,并为研究当今世界的冲突、电影和城市提出新的分析方法。他在媒介方面最有力度的著作之一是《战争与电影:知觉的后勤学》,其中收录了他在《消失美学》之后所写的几篇重要的、富有洞察力的文章,这些文章与维利里奥其他文章(例如 Virilio,1991,1994b,1995,1997,2000a,2000b,2000c,2000d,2002a,2002b)都会在本书中加以讨论,以便厘清维利里奥在其著作中提出的消失美学这一概念。这些文章与维利里奥发现的媒介文化所面对的不同问题或新的问题相关联,常常会扩展他在以前的著作中解释过的假设。

维利里奥晚期的媒介相关文章围绕着艺术与事故、加速度、城市、生态以及大学等概念展开,他的习惯是修正自己早先文本中引入的观念,这样的做法让他在重新阐释现代和古代的主要艺术家和作家的过程时有惊人的发现,如《艺术与恐惧》(*Art and Fear*,2003a)和《未知数量》(*Unknown Quantity*,2003b)中的 20 世纪意大利艺术家、诗人菲利波·托马索·埃米利奥·马里奈蒂(Filippo Tommaso Emilio Marinetti,1876—1944)和英国科幻小说家 H.G.威尔斯(H.G.Wells,1866—1946),或者 1985 年的《否定性视域》(*Negative Horizon*)中的中国古代军事思想家孙子,后者直到 2005 年才有英译本(2005a)。这些著作有时会比较艰涩,它们和《恐慌城市》(*City of Panic*, 2005b)、《原初事故》(*The Original Accident*, 2007a)、《肉眼可见的艺术》(*Art as Far as the Eye Can See*, 2007b)、《灰色生态》(*Grey Ecology*, 2009b)以及《灾难大学》(*The University of Disaster*, 2010a)都是他的美学思考的具体表现,突出反映了维利里奥在批判、艺术、技术、特别是在事故博物馆(第五章将有论述)等方面更为广义的哲学概括。

就当代人类社会的混乱和当代历史而言,常规的解释令维利里奥感到无法忍受;同时,他认为,冲突事件和其他灾难所带来的广泛焦虑有着重要的意义。这两点认识合在一起形成了《瞬间之中的未来主义:停止-弹出》(*The Futurism of the Instant: Stop-Eject*, 2010b)和《巨型加速器》(*The Great Accelerator*, 2012)等新近著作。他不停地质询既有媒介理论及其未来走向,时刻准备修正自己的观点,包括当前的即时媒介让隐私成为过去的构想。维利里奥认为,我们应认真考察人类共同体的未来及其在恐慌城市发展过程中的重新定位,在当今文化加速和从现代城市出走的语境下思考媒介理论与实践的价值和目的,并在此基础上不断地修正媒介理论与实践;如果它们仍有缺陷,就必须接受修正以便适应变化的世界,例如在未来 40 年大约"6.45 亿人","将会因为集约采矿或水坝建设等大型发展项目而被迫迁移"(Virilio, 2010b:1)。因此,"维利里奥式"的媒介理论并不属于"宏大理论",而是收集一些工具来阐明各种各样的城市事件与历史事件,以及其他很多东西。因此,对维利里奥而言,"技术艺术批判"试图完成的任务之一,就是回应当代独特的人口外流现象,并根据最新的媒介事件,例如当前具有全球化流动性的城市的形成以及整个人类处于流动状态的令人不安的前景,反复努力地进行自我重建。维利里奥和同时代的那些"超现代"(Armitage,2000,2011)哲学家、电影业人士以及军事、新媒体、城市、艺术理论家们相似,他提出了媒介方面的新观点,让我们能够重新思考我们生存的越来越短暂的、疏离的、流亡的地球,并把它变得比当前无节制的技术科学的疯狂世界更加美好。此外,正是这种对"B计划"的敏感使得维利里奥的媒介相关著作如此有趣、充满挑战、鼓舞人心。

五个关键概念:美学与超越

　　维利里奥的媒介著作包含有五个重要概念,它们构成了本书考察的关键因素:"美学""电影""新媒体""城市"和"博物馆"。自《消失美学》出版以来,这些概念之间的关联,再加上它们为哲学、电影、新媒体、城市和博物馆研究所创造出的可能性,一直是维利里奥所看重的内容。这些概念并不容易解释清楚,并且,其中每一个都在媒介和文化理论家当中引发过争论,本书的目的是想要让维利里奥对这些概念的研究尽量变得清晰易懂、切实可用。

　　即便如此,在深入探讨维利里奥如何使用这些概念之前,我想先总结一下其他的媒介和文化理论家目前是如何使用这些概念的,除了为这些概念给出一个大致的定义,还可以建立起当代美学等方面讨论的一个背景,例如,美学与电影有着怎样的关系?电影取代了美学吗?或者改变了美学吗?在后面的章节我们会看到,这些也是维利里奥所关注的问题。因此,有必要考察美学与电影、新媒体、城市和博物馆之间的关联,尤其是对于很多媒介和文化理论家而言,这些概念指向了多样化的思想。那么,当媒介和文化理论家们提到"美学"这一概念的时候,他们指的是什么呢?

美　学

美学通常和艺术作品的主题无关,而是和它们的展现方式或组织特征相关,它包含有圆融自洽的"艺术哲学"或者整个文化的创造性方面。18世纪以来,康德(Immanuel Kant,1724—1804)等哲学家致力于探究世界的本质、人类感知以及美的评价,以便确定这些题材内容的启发性、永恒性特征,更深一层的目的则在于区分什么是艺术、什么不是艺术。近年来,马克思主义文化理论家,如特里·伊格尔顿(Terry Eagleton)指出,康德寻找的实际上是一种根植于其"本质"或终极现实的艺术定义,一种根植于其"超验"或直觉和精神品质的艺术定义(1990)。伊格尔顿认为,康德的研究有助于支持资本主义的个性、自由、独立以及世界主义的构想,康德的美学则因此成为阶级基础上的现代文化中的主导价值观和信仰的支持者。伊格尔顿认为,美学与艺术因此是具有意识形态、文化和历史决定性及地位的各种话语,然而就这些话语的政治性而言,伊格尔顿的描述甚至比康德的描述更缺少确切的界定性。在视觉艺术中,一系列多样化的运动——从"一战"后欧洲"现代主义"先锋的达达主义到20世纪80年代以来美国的辛迪·谢尔曼(Cindy Sherman)和巴巴拉·克鲁格(Barbara Kruger)的"后现代主义"的"反美学",在意识形态、文化、历史、政治和技术等各个方面挑战美学或当代艺术的永久领域可能或应该怎样的公认原则。因此,如果说现代主义美学在19世纪末20世纪初偏离了传统现实主义表征形式的艺术风格或运动,那么后现代主义美学则可以被描述为一种属于20世纪晚期的艺术、建筑和文化批评的风格或构想(Jameson,1991;Nicholls,1995)。后现代主义美学代表着与现代主义美学的分道扬镳,其典型特征是充满自信地转用之前的风格和规矩、各种不同的创造性设计和媒介技术的组合,以及对"宏大理论"的质疑(Lyotard,1984)。然而,尽管具体的哲学家、媒介和文化理论家、艺术运动之间存在着差异,但是美学的总体驱动力常常与艺术天才、品位或判断等方面的争论相关。在艺术、道德和政治之间的断裂越来越大的情况下,后现代美学的可能性本身在今天也常常受到质疑。

13　电　影

在当代媒介与文化理论家当中,和电影发生关联的常常是那些追随20世纪80年代的后现代主义美学的人们,当时出现的诸多文本如今已成为后现代主义的典型代表,如弗雷德里克·杰姆逊(Fredric Jameson)的著作《后现代主义或晚期资本主义的文化逻辑》(Postmodernism, or the Cultural Logic of Late Capitalism),或雷德利·斯科特(Ridley Scott)1981 年的科幻电影《银翼杀手》(*Blade Runner*)。一些后现代媒介与文化理论家没有从传统美学或感知的惯例形式中出发来描绘当代电影影像的逻辑,而是认为它们与通常被视为"现实"的"所指对象"(电影或影像所指之物或观点)之间存在着一种"邪恶"的关系。他们认为电影是通过媒介传播的、技术至上的影像的集合,并提出了电影影像与其所指"现实"之间关系的反常,而他们的描述方式暗示着在电影影像的美学领域和"现实"领域,观众处于永久的困惑状态,这两个领域的特点也越来越难理解。这种电影沉迷、影像困惑和梦境状态形式各异,不可胜数,对很多人而言极具诱惑力。例如,鲍德里亚(2000)指出,正是影像的指示物,即所谓的"真实世界"和"真实"物体,才是应该被怀疑的对象,因为根本不能说电影里的影像指向或重现了逻辑上或顺序上先于它们在"真实世界"或"真实时间"发生的事情,作为拟像表征,电影影像先于"现实"并因此通过表征推翻了现实的根本的、理性的秩序。事实上,按照鲍德里亚的说法,在伍迪·艾伦(Woody Allen)等电影导演的作品里,人是同一的,而当代媒介文化是无穷无尽的复制文化,它不断提出新的问题。鲍德里亚对伍迪·艾伦电影的讨论有一个很好的例子是《西力传》(*Zelig*),该片摄制于 1983 年,伍迪·艾伦在其中饰演西力。在影片中,这个角色努力想要发展自己的差异与个性,然而在鲍德里亚看来,西力的全部努力只是让自己看起来和其他人一样。因此,在提出个体独特性和大写的他者的诱惑时,西力是在故意使用各种电影风格和复杂策略来塑造一个反映当代普遍存在的顺从心理的形象。

相应地,电影的后现代美学可以被视为对各种现代主义美学原则与实践的有意背离,因为在现代主义美学中,人们开始变得彼此相似并与周围所有人毫无差别。尽管,有一些女性主义媒介与文化理论家,如格雷斯(Grace,2008),认为鲍德里亚对于同一性与诱惑的集中关注存在着重大问题,主要原因在于女性主义一直致力于摆脱具有诱惑力的女性这一刻板角色,鲍德里亚依然认为,诱惑颠覆了关于相似与大写的他者、个人主义与顺从的既定观念,这让诱惑本身保持了重要的批判功能。

新媒体

总的来说,从理论的角度考察媒介意味着去思考新闻、娱乐、演讲、教育、信息、广告的促销内容,以及所有这些内容背后的信仰得以传播的渠道,然而近年来传播的媒介形式与数字技术和计算机的融合,或者说与诸如家用和网络出版工具、数字电视、手机、电脑游戏、互联网、类似 Adobe Photoshop 的图形编辑程序等"新媒体"的融合,对于电影和电视等更为现代的文化机构提出了挑战。在后现代文化中,政治与媒介哲学家和社会学家常常声称,电影和电视用以组织视觉、技术和人类静止与运动等领域的现代方法越来越落后了,必须重新加以评价。例如,法国政治与媒介哲学家吉尔·德勒兹和贝尔纳·斯蒂格勒(Bernard Stiegler)主张,在德勒兹所称的"控制社会"中,当前民主过程中新媒体的超快速引进摧毁了现代的"规训"社会,也抹去了政治与社会文化组织的"时间延迟"模式(Deleuze,1995;Stiegler,2010)。德勒兹和斯蒂格勒都认为,在这些新演化出来的控制方式和媒介化生产技术的推动下,20世纪80年代的印刷媒介及使用模拟信号的电影和广播的逻辑与模式向着新媒体生产体系转化,后者从前处于分散状态,而如今融合在一起,它包括了视频、DVD、电脑成像,以及它们作为表征机器被应用时的数字技术化和数字媒介化的实践与原则。此类变化清晰地表明,我们必须重新考量诸如瓦尔特·本雅明(Walter Benjamin,1968)等20世纪哲学家们用以研究报纸、杂志、书籍、电影等"旧媒体"之"机械复制"的美学方法。同样,西班牙城市社会学家曼纽尔·卡斯特(Manuel Castells)也认为,这些相互融合的新媒体的生产手段让大多数现代媒介分析在"网络社会兴起"(2000)的时代变得过时。因此,新媒体的发展表明,在旧媒体重构的过程中,影像生产、信息分配、媒介传播消费等问题必须用新的方式来处理。事实上,新媒体所包含的不仅有"传播力量"的开拓性方法,还有在手机等电子设备所产生的数字化视觉表征和技术化知觉的条件下思考和行动的新方式,面对这样的新媒体,我们能否接受这些问题的存在并加以应对才是真正的问题(Castells,2009)。

城　市

"城市"这一概念的所指与"新媒体"截然不同,如果说新媒体属于后现代技术发展的结果,那么城市,特别是19和20世纪的城市则可以在整体上理解为"现代性"的重要表现形式,其典型特征是经济效率提高、周密审慎的社会政治计划以及文化生活的理性管理,这些特征决定着技术与科学的发展方向,或者说,决定着"现代化"的方向,同时,新型交通工具(火车、汽车、飞机)、新的通信手段(雷达、无线电广播、电视)和科学发明(空调、霓虹灯、冷冻食品)促进了新城市化人口前所未有的流动和增长。因此,现代城市和新媒体相比,其概念涵盖的范围更广,例如,它试图唤起在大都市人群中迷失的心理状态(Simmel,1969;Williams,1973)。此外,和 18 世纪开始的康德美学的讨论相比,尽管现代城市的出现确实和 19 世纪末电影的发明在同一时期发生,它的历史时期实际上相当短暂。社会学家、文化地理学家和城市理论家们就如何定位现代城市的社会文化、文学和艺术的起源和发展而争论不休。大多数人认为现代城市始于 19 世纪工业化在欧美乡村社会文化生活中引发的剧变,这些社会与文化批评家们指出资本主义城市社会的扩张、铁路的延伸和大都市地区的延展,以及早期乡村生活与生存方式的消失。这些变化与其他重要的发展共同促成了 20 世纪二三十年代芝加哥社会学派的路易丝·沃思(Louise Wirth)关于新的城市生活方式的著名研究(Le Gates and Stout,1996)。

但是,很多当代社会学家认为,跨越 20 世纪末和 21 世纪初的时代是现代城市让位于"后现代城市"的时代。后现代性在当前的文化和历史阶段的典型表现是全球资本主义,即 21 世纪的欧洲、美国和澳大利亚的高度发达、充满符号、消费者驱动的网络世界和城市环境。在这一背景下,诸如凯文·林奇(Kevin A. Lynch, 1960)关于"心理地图"的构想以及理查德·桑内特(Richard Sennet, 2003)关于城市规划和建筑设计领域内的革命的观点,对于目前"后现代性"的文化和历史阶段方面的理论建构有着重要的意义。

这些关于现代和后现代城市的理论有一个共同特点,它们将城市理解为我们开始重新想象自身和城市环境的连接点。在我们当前的想象中,尤为重要的是后现代建筑转型和历史性地拆除主要大城市中大量的、常常是在科布西耶影响下的现代主义"国际风格"的城市项目(Jenks, 2007)。英国文化地理学家大卫·哈维(David Harvey, 1991)坚持认为,后现代城市的观念清晰地表明,人们相信现代城市的未来和"后现代状况"的未来已经开始,因为与现代城市不同,后现代城市是一种似乎无历史的、或许及其单调乏味的未来型城市,其基础除了手机和iPad等技术以外,是消费文化中不断膨胀的新奇事物和电脑化或电视化的影像与媒介事件。改变了的历史、社会经济计划、组织机构的政治与文化形式,再加上"时空压缩"和种种新的观点,其中涉及城市景观、雇佣关系、包含了持续不平等的财富积累与分配的资本积累的基本规律,所有这些构成了哈维关于后现代城市的完整的多学科构想。简而言之,后现代城市常常被看作是休闲和旅游的场所,它包含了城市化、去中心化的感觉、庞大感、多元文化主义等西方观念在当代的发展,以及向日益多样化的、电脑设计的、有着滑稽自然装饰的建筑物的转向。因此,后现代城市是一种在风格上处于永久波动状态下的城市,例如,拉斯维加斯和洛杉矶的扩张改变了城市内部表征的本质,也改变了视觉和语言交流的本质,同时进一步发展了关于知识、技术、"去中心化的"个人身份认同、情感、个性化、街区等观念,所有这些观念在当代城市消费文化中都有着令人困惑的位置/错位(Lyon,1999)。后现代城市在其分散且数量越来越庞大的居民中产生了脱节的文化思想、问题和答案。然而,也正是在这些后现代城市中,不同人群之间的差异及其消费选择变成了城市经济体系和后现代或"全球化"城市的基础,诸如伦敦、纽约、东京等,这样的后现代城市同时也是当今世界货币体系中的关键节点(Sassen,2001)。维利里奥关于后现代城市的考察在第四章有展开论述。

博物馆

当代的艺术博物馆是记忆的场所,是为艺术学习提供灵感的场所,而且,越来越多地成为电视、电影、摄影、录像、DVD、数字计算和互联网等大众化新媒体技术的场所(参见 Carbonell,2003;Rush,2005;Macdonald,2010)。因此,21 世纪的博物馆是后现代的博物馆,它是一个特殊的场所,是用来储藏、保护、分类和向公众展示从古代绘画到电子游戏的珍贵物品。例如,1997 年西班牙毕尔巴鄂的古根海姆博物馆(Guggenhein Museum)作为一个视觉艺术方面的后现代"公共"展馆开放。尽管"公共"这一称呼的确把博物馆和仅对"被邀请者"开放的私人沙龙区分开来,然而,古根海姆和其他当代博物馆对于"公共"的构想由于某些展览需要入场费而变得有些难以理解（Harris,2006;Barrett,2010）。后现代艺术博物馆之所以重要是因为 14 世纪以来,国家——无论是前现代的宗教国家还是现代国家,一直有预谋、有系统地致力于塑造人们的感受、认知和行为,以获得有助于推进国家意图的反馈,这样的反馈也一直是欧洲艺术的特征,而后现代艺术所一直认可的则是那些不再依赖此种国家行为的艺术工作所包含的美学价值和批判性理论基础（Boswell and Evans,1999）。此外,当代艺术博物馆还涉及艺术专家的产生,例如,艺术馆的馆长挑选和照管博物馆的艺术品;展览组织者在艺术品对公众展出时负责它们的摆放和介绍;最后,艺术评论家们也通常是根据他们参加博物馆举办的艺术展的经验撰写和发表博学而有见地的当代艺术作品评价。

这些全国性的和日益全球化的后现代艺术博物馆之所以重要,还因为它们常常象征其资助者[类似亨利·泰特（Henry Tate）和所罗门·古根海姆（Solomon R. Guggenheim）等人]的高尚信仰,或者代表着国家的目标（民族主义、进步,等等）。而且,当代艺术博物馆在引进全新储藏技术、完善保护措施,以及公司或国家资助的作为广告和国际关系手段的重大巡回展览等诸多方面也有着同样强有力的操作。

就视觉艺术而言,"博物馆"和"画廊"的概念看上去是相同的,因为二者都收集、保存、归类和展示来自世界各地的历史上产生的艺术品。然而在 20 世纪,人们建立了一些专门收集和展示现代艺术作品的机构,于是便产生了"博物馆"和"画廊"的区别,这一区别看上去似乎明显实则相当复杂。例如,"博物馆"越来越多地被看作是喜欢收集来自过去的物品,而"画廊"则被视为看管当代艺术作品的机构,但是,西班牙毕尔巴鄂的古根海姆当代艺术博物馆的存在和英国伦敦国家美术馆所收藏的13世纪以来的欧洲艺术品对这一观念提出了疑问。即便如此,这些机构都有着极大的影响力,因为在艺术品的收藏价值和审美价值中,在艺术教育中,以及在相关的民族性与文明、公众、经济和政府等方面的观念中,它们都是不可或缺的组成部分。例如,毕尔巴鄂古根海姆博物馆,部分原因在于美籍加拿大建筑师弗兰克·戈瑞(Frank Gehry)的后现代主义的或"解构主义"钛金属设计,它就是西班牙文化和当今巴斯克地区毕尔巴鄂都市生活的重要象征。超过1,000万人参观过这座肆意扭曲的、完全切割的公共艺术博物馆,尽管有些人认为吸引人们前去参观的是建筑物本身独特的自然外形而非其中展出的艺术品(Witcomb,2003)。

维利里奥对于美学与电影、新媒体、城市和博物馆的思考包含了上述诸多概念,然而,从《消失美学》到《巨型加速器》,他的研究几乎质疑了迄今为止提到的每一位媒介或其他方面的理论家。本书下面的章节将讨论维利里奥消失美学研究的具体特征。

结论:维利里奥论媒介

《维利里奥论媒介》大体上(但不完全是)按照时间顺序来介绍维利里奥在媒介方面的著作,因为大多数读者最初都是通过《消失美学》接触到他的媒介理论。因此，本书在开篇对《消失美学》一书给出了全面的阐释，以便读者清晰准确地了解维利里奥关于消失美学的主张中尚不确定的内容。接下来的章节展示了在此基础上产生的诸多主题，同时详尽考察了维利里奥关于如何在哲学、方法论、技术和视觉上应对消失美学的论述。第二章仔细分析了维利里奥关于20世纪的电影和冲突的专著《战争与电影：知觉的后勤学》，并在此基础上认真考察了感知后勤这一维利里奥媒介著作中至关重要的概念，展示了维利里奥是如何把电影化了的战争观念（cinematic ideas of war）与消失美学联系起来。鉴于维利里奥的媒介理论特别注重理解视觉及其相关技术（如手机）的含义，第三章通过介绍《视觉机器》(1994b)、《极惯性》(2000a)和《灾难大学》(2010a)对他在这些话题上的观点进行了评价。第四章探讨了恐慌时代的城市话题，并介绍了维利里奥对于恐怖主义和电视直播的媒介事件（televised media event）的回应。第五章重新回到艺术话题，除了把他在美学批判、事故博物馆、当代艺术博物馆的命运等方面的观点相关联以外，还仔细研究了他对于技术与文化的具体内容的理解。最后这一重要章节实际上探究了维利里奥关于当代艺术与技术的思想，考察了他关于美学批评家和技术艺术批评家的工作应当是什么样的观点。《维利里奥论媒介》这本书一步步勾勒出维利里奥媒介著作的轮廓，而读者则可以跳到单独的某一章阅读自己认为更为相关的话题。第五章之后是简短的结论，讨论了其他媒介理论家是如何采纳或根据具体情况修改维利里奥的概念，并使其著作对媒介理论的影响与日俱增。全书的结尾是一个深入阅读指南，旨在为维利里奥的关键媒介概念提供一个非技术性术语表，以及参考书目，其中包括了他的主要著作和本书写作过程中涉及的其他文本。

  读了《维利里奥论媒介》并不能代替阅读维利里奥本人的著作，本书的目的在于让读者能够抱有更大的自信和更好的知识储备来开始阅读维利里奥的这些文本，这才是极具价值的智力训练。阅读维利里奥的作品总是令人兴奋，他的媒介理论，对于批判性地理解当代世界的艺术与技术而言，无论怎样评价都不会过分。

第一章 消失美学

引 言

媒介理论家们通常把维利里奥和他的"消失美学"概念联系在一起,本章将通过分析维利里奥最有力度的著作之一《消失美学》(2009a)来考察他对当代美学争论的贡献,并介绍这一著作中的论点的重要性,为从未接触过维利里奥的英语世界的读者提供一个入口,而后本章将对维利里奥的研究在当前媒介的理论与实践中衍生出的分支进行一个综述。

维利里奥这部书的主题是技术发达国家的文化中人类感知的演化与当前状况,因此,它也涉及后现代文化如何察觉和吸收各种各样的理解和应对摄影、技术、科学、电影等领域的方式。

《消失美学》已逐渐成为维利里奥最广为人知的、最具文化重要性、影响最大和最有争议的著作之一。此书于1980年以法文首次出版后吸引了各个领域的理论家的评论。的确,此书不仅提供了消失美学在当代的阐释的背景环境,而且还引发了影响文化政治与哲学等领域内的研究方式的关键性辩论、观点与问题(Cubitt,2011:68-91)。

这部著作中最主要的主张,大约要数它对消失美学的定义:"不可抗拒的技术超越规划与预期"(2009a:103)。在定义维利里奥所使用的诸如"美学"或"技术超越"等概念之前,最重要的是要从整体上把握上述概念是如何从《消失美学》这一著作中产生的。因此,本章的目的就是为理解维利里奥为何如此定义消失美学奠定基础。

我们所见的世界正在消逝:"失神"世界的美学研究

要想发掘《消失美学》的含义,最有成效的起点莫过于它的题记:"我们所见的世界正在消逝。——大数城的保罗"(Virilio,2009a:17),从这里我们一眼就可以看出全书的形式和主题。

《消失美学》一书首先可以被描述为看待世界的一种审美方法。正如我们在其前言中所看到的,"美学的"与"美学"这两个概念既有限制性的使用,也有扩展性的使用,它们可以用来确定艺术品主题之外的形式或组织上的各个方面。《消失美学》之所以是一部美学著作,主要是因为维利里奥努力想要提出一种圆融自洽的艺术哲学和从美学角度对当代文化做出整体上的评论。因此,他的美学理论欢迎对所有这些主题或对象相关的研究。换言之,《消失美学》阐释观看行为的特征、我们对它的认识和看法,以及它走向消失的过程。维利里奥这部著作的目的在于发掘不同概念与知觉之间的基本趋势和关联,并尽可能明确地勾勒出后现代哲学与文化中消失美学的发展。

维利里奥在开篇提出的另外一个重要概念是"失神症",他对失神症的描述与定义如下(p.19):

> 恍惚常常发生在人们早餐的时候,最熟悉的结果就是掉落的杯子打翻在了餐桌上。意识的缺失只有几秒钟时间;它突然发生又突然结束。人的感官仍起作用,但对外界的刺激关闭了。神回与神离一样突然,刚才终止的言语和行为在中断的地方继续下去。时间意识自动回归,时间没有明显停顿地延续下去。这样的情况可能非常之多,在大多数情况下,人们完全不会意识到每天有上百次,我们将用"失神症"[来自希腊语中的 picnos(原文如此)一词,意为经常的]来称呼这种意识缺失的情况。然而对于走神者而言,其实什么也没有发生,丢失的时间并不存在。在每一次毫无知觉的转折中,生命的小小一部分就这么溜走了。

维利里奥坚持认为,他正在研究的是人类文化的历史发展中的失神状态,但他是什么意思呢?例如,从美学的角度分析美的令人敬畏的和永恒的特征,或者区分何者为辅,因而不属于"艺术"的方法,这些都相对简单,二者都可以依赖通过观察得到的线索证实我们的推论：或许是米开朗基罗的大卫像所展现的美学"天才"，抑或是在大众艺术、娱乐、时尚和日常生活中通过个人观点展示出的"品味"。但是，用美学的方法看待世界或用美学的方法分析失神状态意味着什么呢？显然，此种状态并不属于习惯性的视觉感官和功能的缺失：《消失美学》不仅仅是罗列人类意识、显现、视觉中断的更新发展，其中权衡利益的结果才是更为重要的。

维利里奥关注的焦点在于失神症的特点和状况。何为失神症？它在人类文化中是如何产生的？它发生的条件是怎样的？在数百年中人们又用它表达什么样的含义？因此，《消失美学》乃是关于古代、现代和后现代人类文化在面对感知上的稳定与断裂、摄影、技术、意识、时间等问题时的行为表现的著作。维利里奥探索了哪一种失神症在自动起作用，而哪一种失神症是我们主动习得采纳的，他关心的问题是失神症如何表现为未间断的时间且没有感知上的中断，谁有机会注意到这些经常发生而被我们周围的人完全忽视的数不清的日常走神现象？它们被用来表达什么意思？谁决定和管理着失神症的走向？它如何导致了"失神状态"，又如何导致人们与这个世界中消失的时间的共存或是不期而遇？

《消失美学》是关于"我们所见的世界"及其"消失"的著作，因此，书中的关键问题是：在历史条件决定下的失神症建构如何产生了人类的存在与个体独特性？对于维利里奥而言，这是一个重要问题，因为失神症的状况是：在不知不觉中，生命中有微小的部分离开了我们，特别是各种技术发达国家的文化在不久前跨入了消失美学的后工业与后现代时期后尤为如此。维利里奥这一著作的前提和相应的目标就是要准确地考察失神症的状况并阐释其美学上的影响。

失神症美学

从一开始,维利里奥就认为,自 19 世纪以来摄影与电影的进步不仅影响着人们认识失神症的方式,还影响着失神症本身的状况。问题不仅仅在于我们能用相机更好地捕捉光线或者制造出诸如暗室、镜头以及今天的数字影像等技术工具,还在于这些摄影和电影的变化正在改变我们使用和习得失神症的方式,因为身体与摄影机的结合已经改变了我们获得、分类、存储和使用视觉的方式。因此,在维利里奥所谓的消失美学中,失神症本身也已改变。

维利里奥的研究表明失神症已然成为一系列的技术假体,它们是不断成熟而最终日益衰退的人眼的非自然补充或替代,也成为当代文化中艺术的基础。因此,通过各种技术假体投射的光形成的失神症成为产生后现代艺术感知或美学表征的关键。当然,根据维利里奥的说法,和几乎无人看到或发现的癫痫病发作类似,失神症的发生分裂为两种最极端情况——可见的与不可见的,已然是一种重要的大众体验了。维利里奥认为,在全球当代艺术与美学领域,失神症已经成为一种梦境般地清醒或半意识的存在,他称之为"醒与梦的矛盾状态［瞬间清醒］"①（2009a：24-25）。最具电影效果的技术也就是那些失神手段最多的技术：它们有着最好的消失技术、最先进的摄影、最发达的特效，以及把最强的光线分配给那些处于半梦半醒者的电影化加速方法、能力与资源。如果说时长与显现的美学问题曾经是古代文化的主导问题，那么今天，失神症和消失方面的美学问题是世界范围内梦与醒的矛盾状态的主导问题。当各种视觉技术影像即将接管以人为中心的失神症，正如摄影和"摄像机"征用了从前与绘画和雕塑相关联的木头、帆布和大理石等材料，维利里奥预言了一个时代的到来（p.25；也可参见 Virilio and Armitage, 2001：33）。

维利里奥认为，各类电影技术一直在加强它们在艺术和美学领域内的地位。可以肯定的是，它们是在我们日益以失神症为基础的文化中最主要的技术。当失神症本身变成了一系列的技术假体，诸如"特技摄影"等特效取代了绘画和雕塑成为重要的艺术或美学制品，凸显了维利里奥所说的"超自然"之物或不可见之物。这些特效产生了大量的超自然现象，利用人类的想象变出不可能之物，制造失神症并随后用它来组装"最廉价的戏法"；而这一切，用早期法国电影导演乔治·梅里爱（George Méliès）的话说，"有着重大的影响"，例如把一个影像转变

---

① 醒与梦的矛盾状态（paradoxical waking），或瞬间清醒（rapid waking），指的是我们虽然醒着，并认为自己看到了眼前的一切，但由于我们不时有走神甚至只是眨眼的行为，双眼快速的开合让我们实际上有很多失明的瞬间，所以才会发生早餐时打翻杯子的情况。可以把这种状态理解为醒与梦的瞬间转换。——译者注。此后脚注均为译者所注，不再一一说明。

为另一个影像的"停机替换手法"(stop trick)①就是其中一例(Virilio,2009a:25-26)。维利里奥在这方面的观点极具前瞻性,其涉及的内容在一些理论家看来是最近二三十年正在发生的变化,特别是那些从根本上改变了现实面貌的技术特效的影响。毫无疑问,人眼的功能越来越多地由电影技术所代行,其中特别需要提到的是摄影机的"力量,打破了各个拍摄瞬间的有条不紊的序列,重新粘连排序,由此消除了时间延续中的所有间断",这一状况的危险在于它将导致大众化同步失效和大众失神症的灾难,或者说全球性的断电(p.26)。(关于此种演化的历史阐释,可以参见 Cubitt,2001 或 Friedberg,2006。)

对于这些事件,维利里奥给出的关键例证来自 20 世纪 70 年代的美国亿万富翁、电影大亨霍华德·休斯(Howard Hughes,1905—1976)。休斯在 47 岁时归隐,直到去世,使得一度可见的他成为不可见的人,维利里奥引用新闻记者詹姆斯·费伦(James Phelan)的话指出,其原因在于休斯变成了"无法忍受被看的人"(2009a:34)。然而,在休斯的想象中,不存在金钱或电影方面成功的渴望,相反,他用自己的财富"买下了暗室中的彻底隐居",房间中除了电影屏幕、放映机和遥控器以外别无他物(pp.34-36)。创造此类电影特效的成本可以忽略不计,因为在美国这些设备价格低廉,唾手可得。然而休斯让曾经的可见变成不可见的行为是在捍卫他对于自身超自然

---

① 早期电影使用的一种特效,即在某一镜头拍摄过程中暂停摄影机,对场景略做改变或增减,而后继续同一镜头的拍摄。

形象的力量的承诺,对于广告的承诺,以及对于其本身作为一种特效不断发展的承诺。因此,在这种情况下,构成了技术假体或特效的正是著名的失神症偶像、休斯本人,他对于公众的持续挑逗维持着公众对他的信仰。休斯放弃了手表,他自称是"**时间的主人**",因此我们认为他是在寻求无所不能的失神症,或者试图在"生命游戏"中"获胜",他的方法是制造出"自己的个人时间印记和天文时间印记之间的对立,以便掌控已然发生的事和立即完成即将发生的事"(pp.34-35)。休斯借助不可能之物的努力始终没有成功,也就是说,这位"技术修道士"(p.37)在其特效、非自然补充物和廉价戏法之中孤独地死去。然而,电影技术能够驱使休斯选择消失直至去世,也就是说,让一度可见的变为不可见的,能够对人类的想象造成严重的混乱或破坏,这说明了不可能之物与失神症的魔法已在何种程度上统治了我们的文化。

这个例子还揭示了摄影、电影技术、失神症与各种消失文化并没有截然分开,因而失神症状况在当前发生的变化表明人类文化、认知和感知的特质正在发生变化,维利里奥的《消失美学》中关于"我们所见的世界"及其"消逝"一章所讨论的正是这一文化上的变化。失神症与文化的转型塑造了消失美学在后现代时期的状态,在研究此类转型时,维利里奥的方法论包含了技术性"阈下舒适假体"这一概念。

阈下舒适的技术假体、影像与大众个人主义

维利里奥认为,失神症的发展包含了两个主要特点。

首先,摄影与电影的进步对文化产生了更为广泛的影响,霍华德·休斯的例子证明了这一点。超自然的形象、把可见的变得不可见,不仅仅和摄影或电影发明本身的问题相关,还与"廉价戏法"、美学以及人类想象等方面的问题有关。总的来说,这意味着超自然形象的完善影响着文化中诸多的领域。这一状况导致了失神症发展中的第二个特点,即存在着多种多样的失神症在文化中起作用,根据不同的标准,它们有时可以划分为有益的或准确的一类,必须采用不同的方法加以分析。

在《消失美学》中,维利里奥指出,摄影与电影并未表现出失神症的全部;这两者始终只是作为更广义的"技术既成事实"①(2009a:51)的特定表现而勉强存在。他认为,摄影、电影和失神症方面的话语实际上是关于技术既成事实的话语,此种话语"脱离了文化上的先入之见"并"渴望成为世界的隐喻"。可以考虑一下,"技术"的概念是如何越来越和美学研究联系在一起,或者当前无数理论话语如何被技术有效地殖民化的,例如,媒介史研究对过去的电影技术的关注与日俱增,新媒体研究越来越多地思考人类视觉的技术化,最后,文化地理学越来越多地思考各种各样的城市构造和技术对城市文化的影响。同样,摄影或电影的影像是通过描述人类世界的各类技术得以传播的。因此,为了展示和证明自己的摄影或电影作品的价值,摄影家和电影摄影师被迫将他们曾经想象中的影像转化为能够展示他们劳动成果的技术形式。维

---

① 原文为 fait accompli,指我们除了服从技术之外别无选择。

利里奥因此认为,技术可以说是人类意识与文化的"革命",它意图用"人造状态"取代人类个体的表达、态度和抱负。

自然,不同话语所引出的各种技术遵循各自不同的逻辑,在某一文化中构成失神症(摄影与电影、美学、科学,等等)的各种话语都展示了关于"辅助"影像或"阈下"影像的各种逻辑系列。维利里奥在《消失美学》中暗示,这些各不相同的话语都与技术上的"阈下舒适假体"相关(2009a:71)。这个概念在本书后面的论述中简称为"技术假体"。

维利里奥指出,技术假体的逻辑与电子工业的"进步"和有效的或"智能的"神经外科麻醉有关,它通过对观众植入追求阈下舒适的需要而起作用(p.57)。这意味着诸如计算机或电影屏幕等特定技术假体遵循的是人为的逻辑,并且被我们在文化上的先入之见所决定。因此,必须把每一次人眼、计算机屏幕、电影摄影机的协同工作理解为通过技术假体强行消除人类天生情感的努力(p.67)。所以,计算机屏幕的逻辑是投射的逻辑,也就是技术假体的"加速行进"的逻辑,这种加速行进,"我们甚至不再能意识到"(p.71)。维利里奥认为,屏幕技术的逻辑的任何变化都会改变技术假体投射的特点。相应地,所有技术假体都试图消除人类的自然感官,也就是说,要遵循技术假体自己的逻辑。然而,这也意味着技术假体本身也容易因为其他技术假体的影响或者因为人类本能感觉的消除而被修改。

维利里奥在这方面的观点是文化纽带受到技术假体

的介入和影响，或者说，这种影响来自旅行的加速，在"虚假的时光"（ibid.），乘坐电影院一类的视听"交通工具"，加速行进。人类文化的结构就是由它内部所产生的各种影像和逻辑所组成，后者决定着某些特定的、人类固有的感觉是否应该被消除或改造。不同种类的技术假体遵循不同的逻辑，而不同的文化则有着不同的艺术、科学和阈下影像。作为所谓的"个体"，我们生活在这种文化中，其基础是永无止歇的技术假体的更替，这些技术假体的不同逻辑决定着我们是谁和我们要变成什么。然而，维利里奥指出，当代的"个体"并不构成特别明智理性的群体，因为他们只是**"一种大众感官效果"**（p.53），是为他们的感官提供的大众传媒文化的结果。换言之，从一开始，后现代"个体"就注定要成为技术既成事实的目标，即围绕着他们的无数技术假体的目标，并且不可避免地按照这些技术既成事实来安排"他们的"日常生活（p.51）。

　　文化中的失神症系统展示了维利里奥在所有著作中提到的"大众个人主义"的轨迹，即具有明显模拟性的人格、思想和渴望的个体。但是我们应当如何理解此种大众个人主义？如何理解它的文化和它的失神症构造、它的各种技术假体以及它们之间的关系？不同的文化选择哪种重要的和独特的方式来把影响它们的技术假体系统化？对于这些问题，维利里奥的回答是：技术既成事实和技术假体的组织结构是由技术超越来实现的。

技术超越

　　技术超越指定了技术既成事实的逻辑与技术假体的

"更远边界",这意味着技术超越将技术假体系统化并决定着每一个影像的"成功"或"失败",因为它不可避免地强行消除人类自身固有的感知。在《消失美学》中,维利里奥介绍了三种不同的技术超越,并解释了它们建构失神症的方式。对维利里奥而言,古代文化、前现代性和现代性的基础分别以三种结构性的技术超越为特征。要想理解他为何把消失的美学描述为"不可抗拒的技术超越规划与预期"(2009a:103),有必要先了解一下这些技术超越及其运作方式。

维利里奥认为,从最早的人类文化到今天,技术一直是传统失神症的典型模式(pp.85-107)。为了说明技术系统化的传统类型,他提出,夏娃,作为人类第一位女性,在最初扮演了后来由"技术媒介"来完成的"后勤角色"(p.86),女性这种"技术"遵循着一种预先设定的方法,这一方法决定着夏娃的诱惑行为,也决定着其配偶亚当的鲁莽行为。夏娃与撒旦一同出现,后者在《圣经》中化身为她的诱惑者,而夏娃反过来又诱惑了亚当,因此她既开启了人类的技术循环也开启了人类的生殖循环,技术也因此从过去一直流传下来,并通过我们在文化上的先入之见流传至今。因此,古代技术和当代技术一样,产生出指定的影像。在这里,技术、女人以及男人被女人诱惑的结果包含了我们的"消失",或者我们"被不断地驱逐"出先前生存的世界,这个世界在亚当和夏娃的例子中也就是伊甸园。这些影像以及历史意识使得技术与最早的女性相关联。因此,技术和女性携手出现,同时把历史与当下联系起来。

此类技术化过程建构了古代男女文化的习俗与制度,通过女性这种技术,人类按时间顺序参与失神症,以集体的方式构建大众个人主义,并利用女性的后勤角色设计自己的文化,女人被允许诱惑男人,而男人也相应地接受这一技术的诱惑。对维利里奥而言,这一技术诱惑所传达的失神症决定了女性应如何诱惑男性,男性应如何被女性诱惑,以及二者应如何扮演与技术的关系(ibid.)。在这个体系中,每一位观众及其文化上的先入之见都有着相应的位置,或者是女性诱惑者,或者是被女性这种技术所诱惑的男性,观众的大众化个人需求也被这一系统所塑造。

维利里奥认为,这就是古代文化中传统的技术超越和系统化类型,其基础是历史、技术既成事实、当下这三者之间的关联。与此相对,维利里奥阐明了另外两种技术超越:前现代性的技术超越和现代性的技术超越。对维利里奥而言,前现代性与现代性的特征是二者都依赖于以人类移动(movement)为中心的技术超越。一个事实凸显了它们与古代女性技术超越之间的分歧:它们处于"在路上"的状态,在它们要到达的未来,是一切人类文化所面对的难题都将通过运动(mobilization)得以解决。在《消失美学》中,维利里奥特别提到了技术超越的两种形式:前现代的"嗜兽癖"(zoophilism,对动物的爱),以及按照法国试飞员让-玛丽·萨盖(Jean-Marie Saget)的说法,"飞入未知领域"的现代技术超越(p.102)。

嗜兽癖的概念源自维利里奥在 20 世纪 80 年代提出的哲学思想,在《消失美学》(pp.95-96)和《否定性视域》

(2005a:39-78)中有着最为全面的阐释。维利里奥极具影响力的历史著作和哲学思想对消失美学的前现代形式和现代形式做出了最为清晰有力的论述。维利里奥认为,可以通过对嗜兽癖的哲学思考来理解人类世界,他把嗜兽癖描述为"交通工具或技术的耦合吸引力"(2009a:96),这一形式要先于复杂技术对象的发明。于是,嗜兽癖产生出"另一种形式的异性恋"。维利里奥关于嗜兽癖的反思揭示了为何"马这种动物尤其被古希腊城邦的长官(军事领袖)当作神来对待,甚至会与之庄严婚配"(p.95)。于是,马和骑手所反映的这种嗜兽癖构成了蓄积的"权力,战斗中速度的源泉,除此之外,嗜兽癖群体还喜欢提出杂交动物的形象""公牛生着翅膀,斯芬克斯狮身人面;后来它们都被描述为有翅膀的女性形象"(p.95)。这意味着失神症不仅在不停地运动,而且它的目的正是维利里奥所说的技术超越。有了技术超越,人与动物之间的所有矛盾和对立都在哲学失神症的体系中得到了解决。

维利里奥关于嗜兽癖的根本观点是人的生存,就像是动物的生存,其特征是一种"隐藏的智慧"(ibid.),这种智慧贯穿于动态**升级**或日益强化的失神症的各种"隐喻"和"情境"(Kahn,2010)之中。各种各样的技术假体在世界范围内描绘出的轨迹显示,它们已成为生命中"横在路上的恼人谜团",因此,在哲学意义上,各种各样的技术假体中的每一种都与另外一种相统一。也就是说,在维利里奥的体系中,所有的失神症之间都是相互关联的。事实上,如他所言,"真正的"失神症是由大众个人主义的技术超越整合下的各种活动影像组成的,这一事实确保了它对于阈下影像的忠诚及其最终被阈下影像彻底摧毁(pp.95-101)。在嗜兽癖中,所有潜在的影像都融合在同一个技术超越中,并按照它的逻辑来评估它们的"真相"和它们被理解接纳的过程。这种对嗜兽癖的解释来自维利里奥的如下论点:"真正的"失神症乃是"绝对谜团",这一绝对谜团构成了失神症的全部内容,它意味着任何影像或技术假体是有效的还是似是而非的,都是由该影像或技术假体与这个绝对谜团之间的关联所决定的。

第三种技术超越是"飞入未知领域"的现代类型。在嗜兽癖中,失神症是交通工具或技术的耦合吸引力,与此相反,第三种技术超越下的失神症可以被一体化,因为按照维利里奥的说法,它是"到另一边去"的基础(p.102)。事实上,维利里奥指出(p.102):

> 确实存在技术上的唐璜综合征,对机器的操纵恢复了对具有后勤功能的配偶的操纵。先前的三角关系被彻底改变,建立起不分性别(生理身份的完全掩盖)与技术矢量之间的和谐关系,随着位移动力的加强,与爱人的身体或与任何身体本身的接触消失了。

如今人类在"旅行"和"逃避"的双重意义上征服了飞行,每个人都有权利和资格变成视觉机器。维利里奥(pp.101-102)认为,这种技术超越以各种发展为起点,如19世纪和20世纪的女性革命。

女性、嗜兽癖和"飞入未知领域"是《消失美学》所探讨的三种最为关键的技术超越，它们之间既有重要的区别，也有结构性的相似。例如，在每一个技术超越中，失神症的各个领域都被统一起来以便实现运动中的、向未来推进的目标；或者用另一个说法，这个目标也可以说是为文化面对的难题提供解决方案。在每一个技术超越，所有的文化组织，如科学、电影、技术，都联合起来，为努力实现人类共同的并且已被动员起来的目标而奋斗。相应地，失神症获得了进一步推动人类运动的任务，或在这一任务中发挥着作用。

然而，维利里奥认为，在过去的两个世纪中，失神症所发生的变化已经使"飞入未知领域"的技术超越升级。如今，失神症的组织被强化，在后现代或后工业文化中，阈下影像和失神症问题是用一种加速的语言来表达的，技术超越，特别是"飞入未知领域"的技术超越获得了权威。维利里奥指出，如今失神症越来越多地在满足世界范围内的技术目标，而不是人的目标。在失神症推动下的全球文化发展中，失神症美学的理解是从速度出发的，失神症的这种演化已然包含在了"不可抗拒的技术超越规划与预期"这一论断当中，正是失神症的这种嬗变决定了维利里奥的消失美学概念的本质。

消失美学

说到这里，究竟什么是消失美学呢？维利里奥认为，这个问题的答案在于技术假体在全球的迅速增长，19世纪以来摄影、电影技术的加速发展和"飞入未知领域"的现代技术超越的升级。他在《消失美学》(2009a：109-121)的最后一章中指出，不可抗拒的技术超越规划与预期，不但没有被终止或被忽略，反而一直处于强化和加速之中，这一点我会在第二章加以讨论，并集中阐释维利里奥对电影、战争和感知后勤的研究。但是在《消失美学》中可以清楚地看到，在当代文化中，技术假体已然成为失神症、超自然形象以及人类想象的强大动力。维利里奥认为，存在着一种"技术上的唐璜综合征"，而同时，"对机器的操纵恢复了对具有后勤功能的配偶的操纵"，在这两个问题中，摄影、电影以及各种后现代美学的阈下影像机器全都以系统逻辑的最大化与速度功能的运作为基础（pp. 109-110）。这种对于加速的强烈渴望处于技术假体的核心，因此，超自然形象和当代人类想象的目标就在于电影视觉表达的创作与消费、前所未有的强度和速度下电影使用，以及在此基础上各种摄影机特效的优化。

维利里奥认为，在以运动为中心的现代技术超越中，技术假体不可避免的蔓延，将整个人类联系在一起，并以此强化和加速了传统的文化联系。在女性、嗜兽癖与交通工具的耦合吸引力之外，"到另一边去"，即"飞入未知领域"的技术超越的目标，日益具有它在前现代时期所不具备的普遍吸引力，这永久地改变了当代文化中失神症的特征和地位。

这一转化不仅影响超自然形象和人类想象，还会影响大众个人主义本身。在日益遵循同一个技术超越的大量技术假体所构成的环境中，我们的"个性"或"通灵

(parapsychology)"变得越来越"电子化":在技术假体的扩散过程中,我们仿佛被插了电(p.53)。文化纽带因而逐渐变得更加人为化,实现文化联系的是看上去不同的、越来越多的,实则是相似的、越来越少的装置,塑造它们的是无数遵循着相似逻辑的技术假体。随着现代技术超越的不断强化与加速,后现代文化中明显存在着很大程度上一体化了的大众个人主义,在这一大众个人主义构成的节点上,作为文化关系聚集起来的各种相关机器和美学符号得以强化和加速。维利里奥在《消失美学》中总结了这一转型过程,他在书中指出,当代文化的"主要理念"在于"从整体上,但尤其要从一个个体到另一个个体对各种感官范畴提出质疑,以便获取**大众化感官效果**"。

如果我们认真思考维利里奥关于日益加速的文化和同时升级的现代型"到另一边去"所带来的变化、社会、大众个人主义等方面的断言,有几种反应可以想见。例如,根据贝尔纳·斯蒂格勒(Bernard Stigeler, 2010: 171-180)的理解,现代技术超越是"远程统治"(telecracy)的任务,或是"现场交流的即时性和政治根据公共舆论做出的刚好及时的调整,在这种情况下,公众变成了**听众**"(p.172)。然而他却主张利用同样加速的传播技术来限制现代技术超越和促进民主目标的实现,并认为这是"创造新的社会纽带和公民和平的唯一可能的方法"(p.177)。他认为,要想实现这一目标,唯有通过新的技术社会(techno-social)协会、组织和运动努力实现真正的民主来应对现代技术超越引发的"前所未有的政治社会崩溃"。

与斯蒂格勒相反,维利里奥的目标在于站在美学的立场质疑现代技术超越。例如,维利里奥主张,人们越来越广泛地认识到,女性革命抛开了19世纪和20世纪的"美"与"束身衣"而"飞入未知领域",这一认识为通过"技术诱惑"的解放实现"女性解放"这一社会文化和政治现象提供了一种军事化和加速前进的基础(2009a:101)。从20世纪开始,女性可以"打破体育纪录"或"驾驶高速机器",飞机或汽车的驾驶座成为她们"新的束身衣骨架"。因此,维利里奥断言,我们必须特别关注技术假体的日益加强与加速,从而揭示技术假体的全球化趋势。鉴于技术假体与大众个人主义相关联,维利里奥指出,在当代文化中,各种以阈下影像为基础的技术假体之间越来越相似,它们涵盖的范围越狭窄,这种文化就会变得越封闭和贫乏。消失美学时代所面临的最主要的危险就是失神症降级为一种单一的技术,加速是它唯一的原则。在维利里奥的理解中,各种复杂的机器构成了技术假体,并把我们拉入它们当中,把我们的行为变成自动化的过程,并根据技术特效和速度轨迹来决定失神症的价值与意义。在维利里奥看来,技术假体的巨大危险在于它们有能力将我们置于其加速、革新、军事化和动员体系中,而我们唯一能做的就是让自己的身体适应各种视觉技术,也就是说,让自己消失。由于大众个人主义对机器及其特效的拥护和珍惜,以人为中心的失神症,即没有技术特效的失神症,也同样面临消失的可能。

尽管如此,消失美学的时代也是所有问题都保持开放状态的时代(Virilio,2009b:54)。显然,维利里奥并非要提出一个新的、或者是后现代的技术超越来代替飞入未知领域的现代技术超越,因为在他看来,技术假体是包含了自身升级手段的复杂机器。他坚持认为,对于"到另一边去"的目标而言,斯蒂格勒等关于民主和技术的想法是行不通的,因为人类身体对于各种视觉技术的加速适应如今被视为时髦且值得称赞的。因此,斯蒂格勒的批评者应避免斯蒂格勒一类的哲学家试图通过新的技术社会组织来振兴民主的做法,而是要获得新的观念与"到另一边去"的批判实践,例如,此种实践必须特别关注我们对虚拟现实中的所谓"现实"的技术性"虚无"进行批判的能力,因为这种技术性虚无事实上把一切事物降至速度原则的层面(Virilio,2009a:119)。此外,一旦现代技术超越变成"技术的最高目标",留给我们的就只剩下有限的、日益相似的技术假体。相应地,美学的批判性实践的目标必须是批判那种通过打破"陆上速度纪录"等行为来实现"到另一边去"的做法,因为他认为,这种做法把"环境与客体在运动中的形式之间的相互反应看作是原始的"。

　　作为这种批判实践的典型代表,维利里奥阐释了现代空气动力学和陆上速度纪录的创新有可能通过释放更新、更快的技术假体改变时间性特征和失神症特征。这些变化的一个例子是1965年陆上速度世界纪录保持者克雷格·布里德勒夫(Craig Breedlove)在字面意义上发掘出的"不再完整同一的时间"(ibid.)。在这里,如布里德洛夫所言,"**人们只不过是存在**"于"地球之上然而又不在任何地方的时间"之中,因为现在留给人们的只剩下和"愉悦与超速"相关的"高速公路"(ibid.)。因此,汽车给布里德洛夫的陶醉把一种新的技术假体（对世界的安抚和有效摧毁）引入了摄影和电影话语，并改变了它们描述世界的方式。

维利里奥指出，这种空气动力学的、加速了的、摄影的、电影的探索用近乎魔法的方式创造出阈下影像范式，这些影像利用了速度的全部逻辑与表现，却是以消除时间和空间为自身的起点，我们可以把它理解为某种"地方志"（ibid.）。在维利里奥的描述中，"地方志"是"帝国筑路狂潮的特点"，它有别于"地理"或是地区的"简单规划"。通过这一概念，维利里奥发现技术假体通常会强制消除人类的自然感受，特别是空间和时间方面的自然感受。在19和20世纪的火车与汽车革命中可以看到，现有的技术假体能升级自身的逻辑，或者引入自身的新版本。这样就可以不断地演化出新的技术假体。例如，随着火车或是布里德勒夫式超级跑车的出现，流畅与超速的逻辑和摄影电影研究不得不做出改变以应对这些转变，从而瓦解了之前"共同的空间和时间观念"（p.120）。因此，维利里奥主张，失神症技术始终处在升级过程之中（pp.119-120）。当然，最重要的是，此种"地方志"首先要假定一种美学现实，其通过新的空间化和时间化的生活方式，既升级了我们对于"文化创新"的渴望，也升级了我们在这方面的能力（p.120）。无论是为了理解铁路和公路而重新对时间做出的阐释，还是建立"网络日程"新逻辑的各种计划，都揭示了这种美学的存在，它扩展了我们"复杂的内部联系"并因此开辟技术假体、摄影和电影等方面的研究和文化发展的新领域。在维利里奥的媒介理论中，这种升级我们文化创新能力的美学有着至关重要的地位,并在他的媒介著作中以各种形式出现,在本书后续章节中,它将和感知后勤、视觉机器、恐慌城市以及事故博物馆的概念相关联。然而,对维利里奥而言,这一升级美学不仅仅是"飞入未知领域"的现代技术超越或是技术假体全球化,那样的一套失神症技术,还是一种升级了的美学,它对美学提问——对批判实践的升级,保持开放的态度。因此,后面章节的目的在于思考维利里奥"启示性的"而非"革命性的"的媒介理论与批判实践如何定位和构想这种升级了的消失美学观念。

结　论

《消失美学》是维利里奥关于"我们所见的世界"及其"消逝"的论著。在这本书中,维利里奥认真思考了在当代文化中失神症的特征与状况是如何改变的。他认为,在女性与嗜兽癖之后,现在是"飞入未知领域"的现代技术超越在组织失神症,对我们的视觉理解进行分类,并且,在消失美学时代中运动的权威愈发强化和加速的背景下,还引导我们向这一运动的目标前进。如今,支配着美学的组织标准是速度原则与特效原则,各种特效通过后现代全球文化中运作着的技术假体得以不停地复制和增加。提出这一论点后,维利里奥阐明了通过技术假体和技术超越研究失神症的方法,他提供的技巧和逻辑可以帮助我们在特定的失神症或技术体验领域中,辨别何种影像属于阈下影像,而何种影像不属于阈下影像。但是他并没有把所有事情都降级至加速和特效问题的层面,而是特别强调由技术假体锻造的,我们自身的"独特历史时间"和独特历史空间的毁灭,以及相应地这些越来越全球化的体系和制度在当下所起到的关键的"启示录"作用(2009a)。他认为获得此种启示的关键是要聚焦于诸如地图学一类的概念与实践,聚焦于和旅行、速度实践、运动、交通等相关的组织和问题,或者聚焦于现代技术超越的问题,后者和火车车厢一样,对其乘客而言,都是消灭了时间与空间的技术假体。

第二章 电影、战争与感知后勤

引 言

本章将考察维利里奥关于消失美学的最为重要的阐释,以便帮助我们思考他从这一概念出发得出的各种关于电影与战争研究方面的结论,其中讨论了维利里奥关于消失美学之军事化的哲学思想,也阐明了维利里奥著作中提出的电影、战争、"飞入未知领域"的现代技术超越以及"感知后勤"之间的关联。

电影、战争和消失美学

维利里奥认为电影——既包括电影本身,也包括参与电影制作的整个机构和人员网络——与武器一样,预示着技术与心理上的瞬间冲击。因此,电影也是维利里奥研究现代与后现代战争的媒介理论的途径(参见 Virilio, 1989, 2000b, 2002a)。他指出,战争与电影这种震惊技术心理学一道培养出一种致命的相互依存关系。那么我们应当怎样理解这种致命的相互依存?电影对媒介理论和战争又意味着什么？电影发明后，什么样的媒介理论或战争是可行的呢？

在《战争与电影：知觉的后勤学》(Virilio,1989)中，维利里奥考察上述问题的起点却并不是电影本身的诞生，而是第三帝国的纳粹影迷即宣传部长保罗·约瑟夫·戈培尔(Paul Joseph Goebbels)在"二战"初期试图禁止向德国百姓放映彩色电影的例子。这位德国电影的"赞助者""下令禁止放映第一部爱克发彩色胶片电影《女人是更好的外交官》(Women Are Better Diplomats)，理由是该片的色彩沉闷而且劣质"(Virilio,1989:8)。维利里奥指出，同"美国的特艺彩色胶片"相比，"德国的色彩处理技术让戈培尔觉得丢尽颜面"。他还谈到了后来爱克发(Agfacolor)的新彩色胶片技术是如何得到改进并"在欧洲被占领地区获得了巨大成功"的：

> 1943年，为了纪念纳粹电影 10 周年和全球电影公司(Universal Aktion Film)①20 周年，约瑟夫·冯·巴基(J. von Baky)郑重推出《男爵明希豪森历险记》(The Adventures of Baron Münchhausen)，一部高成本的爱克发彩色胶片电影，其中包含了大量的极其高超的特效。(1989:8)

对于戈培尔而言，在战时纳粹电影的双重纪念日，唯一能够放映的 UFA 电影就是这部关于众所周知的、虚构的吹牛大王冒险故事的电影。这部电影使用了昂贵的爱

---

① 简称 UFA 或乌发。

克发彩色胶片,成品包含有无数完美的特效。尽管如此,维利里奥提醒我们,UFA"成立于'一战'期间的1917年,并在次年成为(受国家和军工资助的)电影生产、发行、开发的主要复合体"(ibid.)。因此,"在最激烈的全面战争时期……戈培尔以及希特勒本人似乎都认为,从黑白片中挽救德国电影能够让德国电影和充满振奋力量的美国电影相比更具竞争优势"。

对于一部关于战争或电影的著作而言,关注一名纳粹影迷如何禁止向德国公众放映一部爱克发胶片电影可能是个奇怪的开篇,毕竟关于他对德国电影的"赞助"可以找到大量的历史证据,并且禁止放映第一部爱克发胶片电影的主张已被公开证明是出于政治方面的动机和技术上的必要(Tegel,2007)。那么,维利里奥关于戈培尔与美国特艺之争的章节究竟想要表达些什么呢?

维利里奥的观点主要是比较性的,他通过展现戈培尔的主张邀请读者思考应当如何看待一场围绕民族电影进程展开的战争。显然,戈培尔的观点旨在驳斥美国技术优越论,此外,它还展示了民族羞耻感"改进"爱克发产品的能力,并引入一个问题:军事成功是否和电影的成功有关?然而同样重要的是,它让维利里奥得以展开无数战争本质和政治相关问题的讨论,以及电影整体方面的写作。当然他并不认同戈培尔的立场,但他对于戈培尔思想的态度让我们看到了传统理论在解释电影资助、战争和电影特效时可能存在的若干不足之处。维利里奥指出,电影和战争不仅与国家和军工相关联,而且和摄影色彩相关联,他还指出,"战时美国电影的强大模仿能力"尤其"是一种感知上的奢侈",它"与其他形式的景观和娱乐极为不同"(1989:8-9)。事实上,对维利里奥而言,电影是我们越来越难以放弃的一种难解而又反复沉溺的嗜好。

维利里奥认为,纳粹领导者们对电影的理解极为准确:"战争一爆发,他们就把演员和导演置于军事管理之下,任何离开制片厂的行为都被视为开小差而受到相应的惩罚。"(p.9)然而从黑白转向彩色以对抗美国电影的振奋力量,不是戈培尔和希特勒眼中德国电影的唯一问题,因为他们还"对电影从业者抱有一种轻蔑的态度",其中大部分人不是纳粹分子,而是共产党人或犹太人,或犹太共产党人,这些电影人最终的悲惨结局是自杀或被送进纳粹的集中营。

在这一点上我们或许会提出反对意见,认为维利里奥只不过是翻新或夸大了早已变成老生常谈的战争和电影之间的关系。例如,电影史学家们早就记录了高成本德国电影制作直到"二战"结束前一直在强制下进行。此外,众所周知,即使在第三帝国,许多城市的影院都在盟军的轰炸中毁坏的情况下,这些最后拍摄的电影仍然在残余的纳粹要塞中继续放映(Winkel and Welch,2010)。但这并不是问题的全部,事实上,维利里奥提出的观点更为全面,其内涵远远超出上述关注点。他指出,即便是在"军事崩溃近在眼前"的时刻,戈培尔和希特勒仍然想要让他们的电影成为"历史上最伟大的电影,壮观的史诗,胜过最为华丽的美国超级制作"(1989:9)。因此,在他看来,"二战"期间电影中有新事物发生,这就是德国人日益增强的"对美式感知武器的着迷"。他们不仅是努力阅读美国的报纸杂志、往来信件、国际通讯,还有着在电影领域超越美国的企图。

与此同时,在美国国内,宣传性电影的制作与发行逐渐被军方所征用。此外,让人吃惊的是,西班牙的路易斯·布努埃尔(Luis Buñuel)等现实主义导演在1942年还为美军拍摄了纪录片,弗兰克·卡普拉(Frank Capra)则从两次大战之间〔尤其是和哈里·兰登(Harry Langdon)合作〕的讽刺作品转向了《我们为何而战》(*Why We Are Fighting*,1942—1945)一类的沉闷说教(pp.9-10)。更有甚者,"弗雷德·阿斯泰尔(Fred Astaire)的歌曲和舞蹈"不过是"伪装后的新一轮战时动员"(p.10)。

这些电影在欧洲经常被视为美国式粗俗的迹象,然而,除了这些用来说明美国电影的"侵略性色彩"的证据和数据之外,它们还呈现出一种"可见之物的活力",一种由美国本身释放出的可见活力,"让这些电影变成了名副其实的'战争绘画'"(p.10;Virilio 2009b:60,2012:61)。维利里奥认为,如果我们聚焦于"二战"电影,事实上也就是聚焦于消失美学,这一可见之物的能量可以归纳为一种"后勤"特征,或者说,在激励和唤起的意义上,一种感知上的、军事化的、即刻的"充电",其任务是给电影观众提供和注入新的军事活力,立刻使之发生转变,"把他们从危险或痛苦的冷漠中揪出来,让他们克服令将军和政客们深感恐惧的全面的士气低落"(1989:10)。但是,美国电影与战争一样,并非仅仅是人类无间断的感知历史当中的又一种有魔力的"移动能力"——这是维利里奥对电影和战争的描述,它还与全面战争和经济相关联。换言之,"二战"爆发后以及美国及其盟友于1945年在日本广岛和长崎投下原子弹后,维利里奥研究了完全成熟的消失美学对现代战争、后现代战争以及电影在政治、经济、文化等方面的影响。在维利里奥的阐释中,电影、战争以及消失美学成为一种新的媒介理论的基础,和一种无法言说的战时忧伤的基础,这种忧伤所指向的未来或许仍需要我们去考察电影所表现出的毁灭能力,去深思消失美学的持久影响,以及核战争废墟上的悲伤所包含的教训,这时的废墟不再是媒介带来的间接感受或理论上的存在。"二战""冷战"、朝鲜战争、越南战争、海湾战争、科索沃战争,以及伊拉克战争,所有这些当然都有着非常重要的军事意义,然而在它们之后,已是老朽之物的德国和美国的战时宣传电影却仍然作为一种后勤形式继续存在,从美国到欧洲、拉丁美洲、非洲、亚洲,这些宣传电影本身成为今天大众所经历的感知上的、军事化的、即时的"充电",许多人不知不觉被核战争的恐怖与后遗症俘虏并下意识地做出反应。

消失美学、电影与"飞入未知领域"之现代技术超越的升级

维利里奥阐释电影的著作研究了电影对战争和当前文化存在的影响,对维利里奥(1989:11)而言,电影和战争并非仅仅是早就超越了各自在19世纪和古代的发展阶段的两种移动能力,它们的作用也不仅仅是允许军事心理学家、军事生理学家、发明家埃蒂安-儒勒·马雷

(Etienne-Jules Marey)"能让使用者瞄准并拍摄空间中移动物体"的连续摄影枪可以继续像从前一样发挥作用。相反,如果我们要把电影理论化,特别是在马雷对运动进行军事方面的研究之后,电影的理论研究必须改变。在《战争与电影》中题为"电影不是我在看,而是我在飞"(Cinema Isn't I See, It's I Fly, pp.11-30)的重要章节中,维利里奥阐释了电影对于空中战争(aerialized war)概念的影响。

电影是我们用以组织和阐释自己感知的方法,我们对电影的喜爱对于大众个人主义、其文化上的先入之见、其对自身和他人的理解,以及空中战争,都是至关重要的。正因为如此,电影技术史同时也讲述了我们被武器化的过程;它将我们当前的武器化作为一个组成部分置于摄影的连续性过程当中,并揭示了可能有的连续摄影化或武器化的未来。以此可以说,这类电影技术和"瞄准"有着类似的逻辑,并且和摄影技术一样,它们可以采取无数种物理的、移动的、空间的形式,在《电影不是我在看,而是我在飞》中,维利里奥对其中一些形式进行了阐释。事实上,他把这些形式与上一个半世纪中最重要的战争、发明和武器相关联,包括战场观察气球、配备航空测绘电报机的气球、摄像风筝、摄像鸽、摄像气球、连续拍摄以及小型侦察机载电影拍摄技术。的确,

到1967年,美国空军已覆盖整个东南亚地区,无人机可以飞越老挝并将数据发回位于泰国或南越的IBM中心。**直接的视觉经验**已成为过去:在过去150年中,目标区域已经变成了电

影的"外景拍摄地",变成了电影设置的平民禁止入内的战场。(1989:11)

当代人们对电影的态度因此与战争和军事价值观体系紧密相连,其中的每一种都努力成就自身整体化的、物质化的、数据引导的间接视觉概念。维利里奥在这一章中提供的例子是在第一次世界大战中,"D. W. 格里菲斯(D. W. Griffith)是美国唯一被允许到前线为协约国拍摄宣传片素材的(民间)电影导演"(pp. 11-13;另参见Virilio,2002a:87-88)。其他的例证涉及19世纪晚期比利·比泽(Billy Bitzer)的定向"运动演示",他在演示中把电影摄像机固定在"全速前进的火车机车减震器"所在的"准确位置";德国电影导演卡尔·德莱叶(Carl Dreyer),他力求"通过**真正的**地点统一性创造出**人为的**时间统一性,并因此证明了瓦尔特·本雅明的观察,即某种电影能够'为同时发生的集体体验提供客体,因为它随时都有可能构建体系'";最后还有19世纪末的"奥斯卡·迈斯特(Oskar Messter),他不用相机",而是"把他居住的屋子彻底遮蔽,仅在临街一侧留一个小孔做成暗室"(Virilio,1989:11-13)。

在《消失美学》中,维利里奥解释了这些电影的系统化过程,与它们相关的是间接视觉的运动或升级的构想,事实上也就是第一章讨论过地朝着"飞向未知领域"的现代技术超越的运动或升级。这一现代技术升级一直是19世纪以来的主要战争、创新和武器系统的协调原则。然而,维利里奥(2009a:85-107)强调,"飞向未知领域"的现代技术超越,事实上并非是一个技术思想的时代,而是一种技术思维形式或向已知世界"尽头"的投射,一种可以通过嗜兽癖概念或通过"飞入未知领域"之现代技术超越的间接视觉来描绘的思维模式。此外,他在同一著作中提出,在消失美学的时代,这一技术超越变得更加有效,可以在全球范围内投射其感知能力。这意味着在消失美学的时代,必须重新思考这一技术所包含的电影所具有的意义;这也是《电影不是我在看,而是我在飞》一章中至少在部分上努力实现的目标。因此,维利里奥反思的问题才会包括在第一次世界大战中战斗机如何有组织地杀死敌军士兵而无须看到"他们杀死了谁,因为有其他人负责替他们去看"(1989:14)。他问道:"这一抽象地带在阿波利奈尔(Apollinaire)的笔下被精确地描绘为一种盲目、非方向性欲望的场所,它究竟是什么呢?"这是一个非常重要的问题,它关乎所有政治和文化关系方面的严肃讨论,例如士兵们内部的政治和文化关系,对他们而言,"只有通过自己射出的子弹及其弹壳的飞行轨迹",才能辨认出这一抽象领域的存在。因为这里存在着"一种手持望远镜时想象中的遭遇战导致的紧张,一种自身极有可能变成碎片之前同伴—对手关系的'形成'"(p.15)。对于这些问题,维利里奥的回应是:我们应当继续关注视觉能力的组织方式,它怎样"失去了直接的属性",怎样"失去了正常的功能",以及怎样导致了"所有的知觉参照物都在过量的视觉目标下突然消失",而"士兵感觉到的不是毁灭,而是非现实化或非物质化"。

《电影不是我在看,而是我在飞》中有大量的阐释、是关于人类为何日益围绕这样一种电影观看意识被塑造,其中列举了"飞入未知领域"的现代技术超越的各种发展,并间接提到在20世纪将它们推向最高档速的移动能力。维利里奥因此给出了很多已经变成名副其实的"感知后勤"的移动能力(他用这个说法来描述"一战"以后演化出的与弹药的军事供应相对应的影像的军事化供应,以及由此在战争运输和摄影的基础上衍生出的新的武器系统),这些移动能力之所以能够变成感知后勤,是因为它们以特定的方式升级了"飞入未知领域"的现代技术超越赖以建立的各种逻辑(pp.21-25)。例如,他指出,炮兵与摄像机使用者在理解现实的时候有着相同的态度与思考逻辑:使用"照明让一切暴露"。因此,到了1914年,通过军事—电影移动与升级对照明的使用,枪和探照灯结合形成了"相机式机关枪"(camera machinegun),这既是高射炮的现实情况,也符合其理性要求。在这里,感知后勤在升级为战争的间接或电影化视觉时,变得不真实或非理性了。同样,在"改进及常常滥用"**摄影移动车**或"平移镜头"这一当时的革命性概念时,乔瓦尼·帕斯特洛奈(Giovanni Pastrone)等导演"证明了摄影机的功能与其说是制造影像,倒不如说是操纵和歪曲维度"(p.16)。平移镜头因此确认了"电影与摄影之间的首要区别在于视角是可移动的,以及与被拍摄的对象等速移动"。因此,在帕斯特洛奈之后,被确认为是"电影中的'虚假'之物不再是加速视角所产生的效果,而是景深本身,即投射空间的时间距离(temporal distance of the projected space)"。最后,在若干年后,他又指出:"激光全息摄影的电子光束与集成电路计算机图像技术将会证实,在这一相对性之下,速度表现为影像的原始量级,并因此成为影像景深的来源。"所有这些例子都证明了"飞入未知领域"的现代技术超越的重要协调原则,验证了它塑造电影化移动或向间接视觉模式升级的体系。

这些移动能力和"电影的自我推动"(p.17)能力因此变成了众多"后勤"或符号,象征着自19世纪中期以来,电影视觉与重要的空中战争、技术进步以及武器发展的每一次结合所产生的力量与取得的成就。"飞入未知领域"的现代技术超越的移动能力巩固了它的基本价值观,同样具有这种巩固作用的,还有它"飞速掠过的空中视角",维利里奥称之为高速视觉:一种超速升级,它揭示了消失美学时代也就是视觉、电影、航空合而为一的时代。他在这一章里间接提出的问题是:我们如何挑战"飞入未知领域"的现代技术超越的权威与行为?他认为,到1914年为止存在着无数可能性,而人类决定选择航空作为"最终的**观看**方式"。的确,"与一般看法相反,航空兵源自勘察服务,其军事价值最初还受到参谋总部的质疑"。这也是为何消失美学时代的概念同时还适用于侦察机的各种影像技术、为地面移动部队提供可视化信息等例子。换言之,"飞入未知领域"的现代技术超越通过管理和调动炮火或是拍摄照片等能力实现的升级,迫使我们重新评估电影研究的目的与组织。然而,根据媒介理论家们的哲学与军事思想及目的,消失美学、电影和战争研究会采取无数不同的形式。那么,我们应当怎样分析,以及更重要的,怎样挑战"飞入未知领域"的现代技术超越和感知后勤?在介绍维利里奥对于消失美学和感知后勤之前,我要先描述另一个重要的后现代电影和消失美学研究,它与维利里奥的研究形成了有益的对照。

电影与消失美学:让·鲍德里亚

与维利里奥一样,让·鲍德里亚关于电影、技术及当代的现实与历史研究方面的思考广为人知(Coulter,2010:6-20)。鲍德里亚认为,思考电影的意义在于电影和原始享受、也就是和消失美学之间的关系。但与维利里奥相比,他的思考是从一个不同的、几乎是人类学的视角出发,目的也有所不同(Gane,2000:77-87)。事实上,鲍德里亚主张转向一种后现代电影研究,他声称存在着"对电影的一种不受美学、道德、社会或政治判断阻碍的动物式的迷恋"(Baudrillard,2000:450)。

此外,我们还会看到,作为一个后现代媒介理论家,鲍德里亚对电影方面的认识对于从文化政治角度思考空中战争是至关重要的。事实上,他坚持认为有必要把电影的概念看作是不道德的,作为一种后现代的技术超越,其分析力量或首要政治力量就蕴含在这种不道德之中。因此,电影中的移动影像

> 超越了所有的道德或社会决定性……构成了意义与表征消失的场所,我们被摄于其中,远离了所有的现实判断,这些场所因而也就是对

真实和现实原则实施毁灭性否定策略的场所。(ibid.)

换一种说法,鲍德里亚认为,要反思移动影像与电影的文化政治,就必须思考后现代技术超越,同时了解它们怎样消失又怎样以某种方式切实占领了我们真实的、且日益间接化的日常视觉生活。

这里我要讨论的文本是题为"影像恶魔"(The Evil Demon of Images)的重要演讲,鲍德里亚在其中阐释了消失美学及其激增影像的文化所代表的一种永无尽头的电影理论的转向,这种理论所欣赏的是无意义的、数量激增的、失控的电影影像的概念(ibid.)。他认为,对于消失美学而言,电影已经通过影像实现了加速,无论是我们的文化的基础,还是我们的空中战争、电影、录像、数字表现形式都反映出我们对于影像的沉迷(pp.450-451)。以《最后一场电影》(*The Last Picture Show*, 1971)为例,影片描述的是20世纪50年代的美国人的行为方式以及美国小镇的氛围,然而让观众、特别是欧洲观众感到有些怀疑的是这部影片"有点儿太好了,它调整得更好,比其他影片更好,却没有那个时期的电影所特有的情感、道德和心理波动"(p.451)。那么,让鲍德里亚感到惊讶的是,他发现《最后一场电影》"是一部20世纪70年代的影片,是对20世纪50年代电影的绝对怀旧的、全新的、重新修饰过的、超写实主义的复原"。

对鲍德里亚而言,这些是消失美学的一些根本问题。在后现代式翻拍的文化中,构成电影艺术的无非就是一些"比自己所描述的时期的电影更好的电影"(ibid.)。因此,他在这一演讲中所要做的就是指出消失美学意味着电影影像的失败,并主张转向对于现代技术超越的模拟客体的后现代分析。

鲍德里亚的其他相关著作(1995,2005)遵循了相似(尽管并不相同)的路径。例如,他认为,在1991年美国及其盟友对伊拉克发动的海湾战争中,事实上被消失美学消除了的恰恰是将电影或大众传媒作为某种现代技术超越来加以考察的可能性。因此,鲍德里亚在20世纪90年代的著作间接表达了对维利里奥等人的消失美学的批判,根据这些著作的观点,后者在面对后现代海湾战争引人疯狂的、模拟的或虚拟的电影影像时在很大程度上是无效的。在《海湾战争并未发生》一书中,他提出,海湾战争让他想起了《摩羯星一号》(Capricorn One),在这部影片中,"载人火箭登陆火星被直播传送到世界各地的电视台,但其实只是沙漠摄影棚里的场景"(Baudrillard,1995:61)。换言之,对维利里奥而言,电影和大众传媒描述了失神症和间接视觉的运动(他称之为"飞入未知领域"的现代技术超越),而在鲍德里亚眼中,电影和大众传媒则是把事实上的空中战争变成了虚拟复制。的确,通过海湾战争期间军事行动中加速的和日益复杂的运动能力,伊拉克人根据鲍德里亚的说法,被简单地描述为"计算机化的目标",而被美国隐藏了的卫星信息不过是给人一种瞬间爆发的"干净利索的战争"印象,其最重要的目的事实上在于满足美国的表里不一(p.62)。[对于鲍德里亚在海湾战争期间对伊拉克人和伊斯兰教的描述,或曰对二者的东方主义"空心化",阿蒙德(Almond,2009:1-12)的著作中有着建设性的批判]。鲍德里亚认为,在消失美学、电影艺术、虚拟战争以及电视屏幕的时代:

> 一切都趋向地下,包括信息地堡内的信息,甚至为了生存,连战争都转入了地下。在海湾战争中,一切都是隐蔽的:飞机是隐形的,坦克是埋着的,以色列一动不动,影像要经过审查,沙漠中所有信息都被封锁,只有电视这一没有信息的媒介在继续运转,终于呈现出纯粹电视的形象(image of pure television)。(1995:63)

当代电影艺术和大众传媒使一切移动能力立即隐藏起来,并瞬间信息化,它们不可避免地转入地下,形成新的军事构造或进一步的隐藏。通过此类移动能力以及在海湾地区加速的空中战争似乎屏蔽了一切("飞机是隐形的")的情况下,无论是战争的存在还是对战争的感知如今都无法保证。战争以某种方式"消失"在了无限增加的、相互连接的坦克和掩体之中,因为电影和大众传媒无节制地吞下了被当作某种解释抛出的军方的看法和宣传。在这种情况下,军事装备和媒体讨论充满矛盾地急剧增加,美国的高速喷气式飞机和伊拉克的坦克看上去就像是海市蜃楼,或等同于埋于地下的宝藏,整个国家的现实移动能力消失了,只留下被震惊了的观众,面对不断重复的、"美军核准的",以及模拟的或许瞬间就被遗忘的电影影像深深地着迷。因为,如鲍德里亚派学者托佛莱蒂(Toffoletti)和格雷斯(Grace)所言,当电影和战争的恐怖耗尽了它们的象征能力,最终的结果就是观众的冷漠。这也是鲍德里亚声名狼藉的海湾战争"不会发生"也"没有发生"的"假说"(1955:63)的根源所在。这是因为鲍德里亚认为,同时发生的、表面上无节制,但实则被压制的媒体报道,连同对似乎没有展现任何伤亡的影像和信息的令人震惊的使用,让整个沙漠陷入一片漆黑。那么,对于鲍德里亚而言,无间断的推测、相互否定的解释,以及媒介"专家"为了填满播出时间和空间所给出的各种电视影像,预示着"没有信息的媒介"时代的到来,这是"纯粹"电视的时代与形象,在这个新的时代里,超级有效的军工武器和模拟、美国军事误报以及"现实"合起来创造出一场最终"被隐藏的"战争。

消失美学与感知后勤

维利里奥反对鲍德里亚的假说,他主张,尽管存在着现代技术超越的升级,重要的是要尽力保持电影方面的思考与写作。与鲍德里亚不同,维利里奥不建议转向对现代技术超越的模拟客体的后现代分析,因而也不赞成思考电影这种现代技术超越的可能性本身已被消除的观点。事实上,对维利里奥来说,技术艺术评论家所要做的并不是凭空变出某种新的技术超越来接续"飞入未知领域"的技术超越,而是要反复审视那些产生当代冲突、后现代文化和民族情绪的移动能力,通过它们发现我们对于感知武器的沉迷和我们想要超越现存感知武器的持续努力。

为了继续讨论现代技术超越升级后的电影,维利里奥再一次转向他自己的媒介理论。这时,在对电影和空中战争的阐释中,他坚持认为,二者是相互依存的,而非一系列偶然发生的、互不关联的移动能力。然而,他同时也创造出一种"高速的"(dromoscopic)或加速的阐释,来应对处于现代技术超越中心的电影化移动或军事升级。这样一来,与鲍德里亚的以电影和媒介为中心的超现实及其对于未曾发生的后现代海湾战争的理解相比,他对于电影和空中战争的阐释有着不同的语境。维利里奥之所以能够主张电影和空中战争相互依存而又不会让它成为现代技术超越,是因为他区分了实际空间和时间的观念与技术上的革命性概念,前者关乎直接表征的明显的"古老"模式,而后者则扮演着空中侦察的角色,属于包含了即刻或"实时"信息的间接视觉模式或消失模式。换言之,维利里奥认为,在电影与空中战争、移动与升级等概念创造出的体系里,有特定的生理对象,如我们的身体,常常被遗忘,而它们的"痕迹"则被大量新的移动能力所利用,如振动传感器、相机、根据温度辨认物体的热像图,等等。简而言之,当时间延迟在实时中消失,实时本身打破了技术的限制而变得电影化。因此,维利里奥思考电影和空中战争的目的在于探讨军事信息为解释过去和未来提供了什么样的条件以及人类活动,其热量和光,如何在时间和空间中作为特定的移动能力被推算和升级。

维利里奥坚持认为,离开了电影与空中战争之升级的概念,我们在这个领域内所做的一切只不过是没有方向的努力,例如,涉及在轰炸机的翼梢或起落架上安装探照灯的讨论。他认为,电影、空中战争和移动能力之间的关联要求我们必须意识到技术、年代学、电影艺术、军事武器、战争、速度、动力化和军队火力等相结合所产生的问题(1989:19)。换言之,如果我们不能辩明电影和空中战争中的各种移动能力之间的关系,留给我们的就只有它们的行动对我们自身、武器、人类感知、审美形式以及创造力所产生的似乎是颠覆性的影响。

维利里奥在《电影不是我在看,而是我在飞》一章中试图解释这种"技术混合"时指出,重要的是不要仅仅讨论电影或空中战争。事实上,正如他在《沙漠屏幕:光速战争》(*Desert Screen : War at the Speed of light*)中指出过的,战争始终"与感知现象相关联"(2002a:45)。也就是说,对维利里奥而言,电影和空中化战争关乎感知性的同时又是军事化的表征,或者说,关乎美学的军事化。和他在现代技术超越方面的立场不同,他在电影和空中化战争方面的立场涉及的是技术混合与间接视觉问题的升级,因为对他而言,它们为日益军事化的技术超越创造了直接动力。因此,我们需要理解的是"飞行员的手不自觉地按下相机快门和他用手中的武器开火是同一个动作"(1989:20;也可参见 2002a:54),以及这一事实的后果。维利里奥指出,这一理解的基础必须是准确评价在功能上与电影、后勤和升级相关的各种移动能力的后果。

维利里奥把这些作为感知后勤的移动能力置于战争、武器和人眼之间的相互关系之中,这种相互关系的建立始于20世纪初,这也是空军开始培养其武装哲学的时候。他认为,这些移动能力的关键之处并不是它们与战争、军事武器和技术的飞速发展以及人眼之间的个体关系,而是它们合在一起与"空间连续性的电影化的、暴力的中断"(1989:20)之间的关系。因为战争、武器和人眼之间日益强化的相互依存"不折不扣地爆炸式地摧毁了旧有的视觉同质性,取而代之的是感知领域内的异质性",如他在《欺骗策略》(*Strategy of Cheat*)中写道:"感知后勤在各个方面战胜了以某一特定方面为目标的武器后勤。"(2000b:24)在此类移动能力中作为一种后勤、一种升级需要而存在的,并非是个体的、军事化的、武器化的或人类自身的个体视觉行为本身,而是它们一同在那些直接参与艺术和政治的人们当中产生的各种"爆炸"隐喻。那些"战争(即第一次世界大战)中幸存下来的电影导演毫无滞碍地从战场转入新闻纪录片或宣传性故事片制作再转入'艺术片'制作",这一事实展示了这些电影导演的"军事化视角"的重要性(1989:20)。维利里奥认为,这一转移恰恰表明了这些电影导演"本人不过是被战争所挟持控制"。这也是为何对这些经过战争锤炼的战士们而言,战争、武器和人眼的融合就相当于一种后勤保障,"他们认为自己和空军飞行员一样成为某种技术精英的一部分"。"他们的艺术之最终特权"不仅为电影导演们展示了"军事技术的应用",而且还向他们展示了如何把此类移动能力作为创新性技术特效和景观提供给公众,或者借用他的话,这"延续了战争对于形式的破坏"。

维利里奥的阐释中最为重要的一点在于他把电影和

空中化战争作为相互依存的事物来思考，而不是把它们描绘成具有诱惑性的现代技术超越。唯一可以推断出的结论是存在着持续不断的升级，他讨论了"第一次世界大战期间为美国出征部队提供的空中侦察行动"来支持这一主张，这些侦察行动以照片的形式产生了数量庞大的战争信息，以至于"照片不再作为互不相连的片段而存在"(pp.20-21)。自第一次世界大战以来，照片变成了"名副其实的**图像流动**，完全符合这一首次重大军事—工业冲突的统计倾向"(p.21)。然而，维利里奥对于摄影及电影升级的描述拒绝设置一个可以从中推导出"电影和/或战争的终结"的电影/军事发展模式，他同时也质疑使用任何单一的视角或方法来处理电影或军事事件，我们的全部理解只能说存在着摄影及电影的升级，战争是其核心部分，而且，必须反对现行的美学军事化。这并不是鲍德里亚的电影和消失美学，它比鲍德里亚关于电影与技术、现实与历史方面的后现代哲学理论的构想要更为坚实。

因此，维利里奥关于战争、武器和人眼三者关系的阐释，以及他关于感知后勤的阐释，既让军方的批评者们作出回应，而同时又避免了为这些回应预先设置其必须采取的形式。对感知后勤的回应或批判中，有一种思路可能会聚焦《电影不是我在看，而是我在飞》所描述的"总体上的解释狂热"，这种狂热是对于电影这种间接的、非逻辑感知形式的疏离感所强加给我们的(p.21)。在这种情况下，维利里奥对于感知后勤的关注主要是关于升级和战争对电影导演的挟持控制，感知后勤也因此包含着军事化组织与框架的升级,并通过电影这一媒介将自己呈现为全球性的组织与框架。事实上,在维利里奥看来,此类军事感知后勤的结果就是组织电影和空中战争的不断发展的高强度方式不再受到质疑,并且它们会继续演化成为新的感知后勤类型。最近的一种此类创新当然是"电子感光式感知后勤",其代表产品就是那种"没有飞行员的飞机",即"空中侦察**无人机**",机上"只配备了简易摄像机"(2002:107)。

然而,自第二次世界大战以来,电影与空中化战争作为绘画风格与后勤的混合体,曾经是,现在仍是极为矛盾的电影军事系统。即便如此,在"二战"期间,经过这些体系编码后的信息还是得以进入盟军轰炸机的驾驶员稳压座舱。也就是说,感知后勤需要轰炸机的驾驶员座舱才能"变成隔断感知世界的人工合成器"(Virilio,1989:24),后来在海湾战争和科索沃战争中也是如此。但是,至少在整个"二战"期间,军事-技术导致的人的隔绝有着极为严重和长远的影响,以至于盟军的轰炸机指挥部在"飞行编队冒险飞过欧洲"的时候,需要在"在飞机外部画上色彩鲜艳的卡通英雄人物或充满情感回忆的巨幅海报招贴画作伪装,以便减轻这些危险飞行带来的感觉"。维利里奥写道,"在战地通信系统(CB systerm)里","嗓音甜美的女性播音员不仅起着为机组人员进行无线电导航的作用,还通过玩笑、分享个人秘密甚至播放爱情歌曲模糊破坏性景象,从而帮助他们完成飞行任务"。如同《沙漠屏幕》和《欺骗策略》一样,维利里奥在《战争与电影》中强调的仍然是如下内容:轰炸机的人工合成器是感知后勤所需要的东西，它识别出超越的新技术矢量，还有电影与用之不竭的各种传播技术和具有诱惑性的人类声音之间的新的融合，其中每一种都为不同的军事技术和空中可能性的出现提供了条件。如此一来，感知后勤似乎就是人类当前的"使命"，它不仅包含了失神症，而且还包含了女播音员用笑话、私密故事以及爱情歌曲所试图避免的影像的模糊及其最终爆发。因此，感知后勤同时也是一种历史性的和当代的知觉，它的要求是升级的，同时也是准确的视听效果的复制。本身就是感知后勤基础的各种移动能力被用来"缓和"核爆炸或其他爆炸对我们的冲击，然而感知后勤却代表着它们存在的真相，例如，"影片《奇爱博士》(*Dr Strangelove*)的结尾用薇拉·琳恩(Vera Lynn)演唱的《我们会再见》(*We'll Meet Again*)来淡化一系列核爆炸的影响"，这时候，导演斯坦利·库布里克(Stanley Kubrick)就极为精确地复制了此种视听效果。因此，技术艺术批评家所要做的，就是努力对这些感知后勤做出解释，就像我们试图去理解像《奇爱博士》这样的每个人都看过很多遍的电影。对这样的解读而言，没有既定的规律能事先清楚地告诉我们这些感知后勤都意味着什么，也没有任何解释是结论性的。相反，各种阐释应当不断地从敏锐的现实意识中获得启发并乐于接纳此种意识，这些阐释应当直接触及日益扩散的战争影像的越来越统一的核心，并认识到，在感知后勤之后，"除了任务执行完成的依次状态的记录以外，没有任何东西留下"。

结　论

　　维利里奥指出，消失美学的时代同时也是全球电影武器化的时代。他坚持认为存在着诸多特定的移动能力，它们对具体的全球化升级概念的影响使其构成了感知的后勤或者现代技术超越升级的后勤，在《战争与电影》《沙漠屏幕》和《欺骗策略》中，电影是这一现象的关键例证，维利里奥在书中指出，"飞入未知领域"的现代技术超越因为电影与战争之间致命的相互依存而不断升级。然而，关于此类和其他的感知后勤，我们并非只能简单叙述美国电影的浓重饱和、极富感官刺激的色彩，它们还在诸多学科中让人们认识到必须回应诸如民族主义等问题，其中至关重要的一点是：在战争期间，军事胜利和电影的胜利是否已经合二为一？

　　让·鲍德里亚等其他媒介理论家主张转向电影影像的后现代阐释，在他们的著作中，消失美学呈现为一种原始的快感。与此相反，维利里奥坚持强调研究感知后勤的重要性。他提出，应当从升级这一概念出发来思考电影、特别是空中战争，原因在于当代的感知后勤显示出电影系统和军事系统之间越来越强的一致性，正是这种一致性为电影技术艺术的批评家提供了研究的焦点。

第三章 新媒体：视觉、惯性与手机

引 言

在他后期的著作中，维利里奥坚持认为本书第二章所讨论的关于电影和战争的假说有其重要性，值得深入研究，但他在这一阶段研究的焦点是感知后勤的影响深远的技术能力，或者说他称之为"视觉机器"的理论范畴（Virilio,1994b）。

在维利里奥的哲学思想中，视觉机器有两层含义。狭义地讲，它指的是对各项视觉技术的研究；更普遍的含义，则是指整个历史上影像生成与传播的全部过程，维利里奥通过美学、军事技术和城市规划等方面的研究在虚拟现实的时代重新追溯了这一过程，这里的虚拟现实被维利里奥彻底地重新定义，其含义是根植于影像的新"矛盾逻辑"中的现实。作为一个特定的研究对象，视觉机器在20世纪80年代开始与绘画、雕塑和建筑方面的哲学研究一道出现在他的著作之中，并且从那时候起一直是他在探讨莫里斯·梅洛-庞蒂和吉尔·德勒兹（2001；2005）等诸多哲学家时的重要组成部分。在关于现代和后现代感知技术的争论中,他对视觉机器的使用既包括视觉技术哲学的狭义定义,也包括影像生产与分配的历史阐释这一更为广泛的含义。

在另一部题为《极惯性》①的著作中,维利里奥(2002a)集中探讨了这一概念的各种可能性,它的状况以及与之关联的视觉体系(visual regime),挑战了空间、时间和技术三者关系方面的公认观点。这部著作聚焦于视觉、空间和地域的"此时此地",其主体部分对极惯性的阐释比其他任何主要著作(如《消失美学》)中的阐释都要更加细致入微和全面多样,因而对于理解维利里奥的媒介理论有着至关重要的作用。本章将阐释维利里奥在《极惯性》中的观点;清晰地区分其全球化思想的重要阶段;并阐明维利里奥的手机概念,关于手机这种通过无线蜂窝网络运作的"万能遥控器",维利里奥在《灾难大学》(2010a)中有过讨论,并在其后的著作中不断地重新提起(参见 Virilio and Armitage,2009;Virilio,2010b;2012)。但是,首先需要介绍的是维利里奥在《极惯性》中的主要观点,以便为读者提供了解维利里奥使用极惯性概念的

---

① 惯性(inertia)一词的字面意思是物体受到外力作用之前保持原来的静止或运动状态,维利里奥用的是其静止之义,他用这一概念来表达速度、移动、时间和时长之间更为复杂的关联。而他提出的"极惯性"(polar inertia)概念可以说是很多不同观点的混合,并且他在后期的著作当中颇有些含糊地用它来指这些观点的总和或者这些观点的某些特定方面。鉴于物理学中的"极惯性矩"(polar movement of inertia)概念,即用来改变旋转物体的运动轴所需要的力,极惯性这一比喻似乎正适合用来讨论速度驱动下的技术如何日益减少物理移动。维利里奥认为,就像旋转的光盘的作用一样,在当代社会,技术速度越快,移动就会变得越困难。实际空间让位于实时,一切都变得更快更小。

背景。

如果说《消失美学》从后现代技术假体的角度描述了失神症、摄影和电影的状况,《极惯性》则反思了后现代文化中的视觉与静止的"场所"和价值。维利里奥提出,我们已进入极惯性的时代,因为关于此时此地、空间、场所,以及停止点,甚至是移动的观念,全都经历了"从地球为中心(古人的参照系轴心)"到我们"以生活的此刻为中心"的转变(2000a:71)。

维利里奥关于极惯性的构想源自他对当代哲学的态度;这一概念指的是对于**"作为意义原型-基础的世界"**的**"基本执着"**(2000a:71)。作为富于实验精神的哲学家,他在20世纪末提出了极惯性的概念,用来描述他对于一种"终结而非初始的"社会文化状况的立场。维利里奥认为,1969年7月21日(美国阿波罗号)登月令世界震惊,因为它为人类文明带来了新的概念与潜能。作为一位典型的法国哲学家和技术艺术批评家,他写出了理清极惯性的本质、演化和启示的宣言,指出了极惯性使得"作为参照的地面(太阳)失去了原有的重要性而变成了**夹层**"(p.72)。维利里奥宣称:"发展火箭……的努力……最终以地面参照的清除结束,**世界之轴**永远失去了其绝对价值"。这一宣言道出了极惯性的典型特征、演化及各种影响。正是"地面参照的清除"这一观点,连同人们熟知的"绝对价值"世界的各种观念意识的摧毁,让维利里奥在自己的著作中得以把握和认真思考极惯性。

从他最早的著作开始,尤其是在和视觉相关的领域,维利里奥一直是极惯性的批评者[可参见他关于电视和遥控器(1997)、科索沃战争(2000b),或是惯性引导体系(2005a)的著作]。事实上,他关于极惯性的论述源自对一系列人类行为的批判,包括我们对天空的破坏、人类登上遥远的行星,以及对恒星以外的虚空的想象。

《极惯性》一书对破坏天空的行为提出了一系列批评,但我想首先集中讨论一下维利里奥在《视觉机器》中对现代和后现代视觉技术的考察,然后介绍他对于那些感知我们的物体的抵制。《视觉机器》之所以值得我们在这里加以论述是因为维利里奥在该书中的观点与他在《极惯性》中表达的观点有所区别,这让我们更容易把握他所采用的视角,也更容易把握他所提出的替代方案,即与机器相比有限的人类视觉和无限的技术视觉。

在《视觉机器》中,维利里奥概述了他对视觉机器"不仅识别物体轮廓形状,还充分理解视觉领域"的能力的批判(1994b:59);而他对各类视觉机器与复杂环境、特写镜头、距离等的研究与其他当代哲学家截然不同。他对"视觉学"的新媒体技术的极为重要的阐释并非仅仅是某种晦涩或理论化的思考,他要表达的并不是极惯性或视觉的本质,甚至也不是关于视觉机器是善是恶的后现代观点。相反,对维利里奥而言,视觉学的潜能在于产生"**失明的视觉**"(sightless vision),以及揭示计算机控制下摄像机的去人性化影响。他的视觉场所等观念因此完全依赖于计算机和视觉机器方面的独特假说,这些观念构成了独特的新媒介理论,内容涵盖了各类氛围与环境、客体以及全自动文化的前景。

视觉机器

维利里奥(1994b:59)认为,在当代技术的影响下,"电视观众"分析和解释各类事件的能力已经被工业化了,他的意思是,相比于增强人类视觉方面的潜力,人们更在意的是生产、库存控制以及军事机器人技术的发展为加速**"感知自动化"**所准备的条件。或者,换句话说,人工视觉方面的创新本身已然成为目的,而毫不关心它们对大众个人主义及其视觉能力所产生的不断升级的影响。他指出,作为这一现象的后果,"把分析客观现实的任务委托给"视觉机器,让思考"视觉影像的本质"成为必须,并且,通过组织建构后现代文化的视听逻辑,这一"没有明显基础、仅存于心理视觉记忆或工具化视觉记忆中的视觉影像的形成"显著地影响了我们的整个生活方式。

维利里奥主张我们应当抵制这一视觉文化生活的虚拟化,实现这一抵制最有效的方式是通过"失明"的概念揭示构建当代文化的各种视觉技术(pp.72-73)。正是在这个意义上,维利里奥认为现代与后现代视觉技术越来越多地涉及"失明的视觉"的产生(p.73)。因此,他所说的视觉机器"不过是一种强烈失明的复制,它将成为最新的也是最后的工业化形式:**非凝视的工业化**",而我们必须继续抵制这一视觉机器。相应地,他详细阐述了关于矛盾逻辑的假说,即一种技术官僚思想,它出现在"录像机、全息摄影和计算机图形技术的发明"之后,表明21世纪的标志是"公共表征逻辑的终结"(p.63)。他的目的是提醒我们警惕这样一个事实："我们似乎仍然无法掌握录像、全息摄影或计算机图形的矛盾逻辑的**虚拟性**。"维利里奥认为，"这可能解释了如今新闻报道中对这些技术的疯狂的'解读强迫症'，以及各种计算机和视听设备的大量增加和迅速淘汰"。他主张，"当实时影像主导了所表现的事物，就会显现出**矛盾逻辑**"，而他的新媒介理论的目的就在于创造条件来防止实时与虚拟空间的矛盾逻辑不会凌驾于人类时间和实际空间之上。

《视觉机器》是一部有争议的著作，其结尾部分是对自动感知等各种视觉技术的抨击。维利里奥认为，这些技术威胁到了我们对于后现代视觉领域的认知与解读，引发了"感知信仰危机"(p.75)；因为它们是联结观看行为(seeing)与当代人类身体的技术。他着力谴责的感知信仰危机的主要发生的领域之一是新兴起的技术化视觉。他坚持认为，技术化视觉应当被看作是更广义的视频光学设计的一部分，是数字或影像盲目性的一部分，其任务在于阻碍我们看到或理解我们周围的世界，我们必须从识别及形状之技术化辅助设备的角度来重新理解技术化视觉，这些技术化辅助包含着我们根本无法理解的合成影像与视觉，因为我们不具备它们制造"统计型影像"的能力。

对维利里奥而言，统计型影像是失明性技术化视觉的缩影。他认为，20世纪末技术影像的出现"是因为计算机图形系统能够在屏幕上显示像素的快速计算结果"(ibid.)。这种"解码后的"单个像素不仅破坏了人类视觉，而且通过与周围紧邻的其他像素形成新的关系，它还提供了新的失明类型来重新定义后现代文化。不仅如此，维利里奥进一步指出，当代统计型影像已经征服了其他一切影像，即便在感知信仰危机（极惯性是其主要的一个特征）的情况下它仍然能取得成功，这是因为它目前将一种新的分析，即统计思想，强加于视觉文化和更普遍的社会之上。通过视觉技术状况的视角，维利里奥阐释了他所理解的视觉技术可能产生的效果，包括它们制造"理性幻觉"的能力，或者对我们的视觉理解和新媒介理论研究产生破坏性影响的数字化"统计光学"。他的意思是，当统计思想被引入视觉机器这一技术化识别辅助之后，在人工合成影像或视觉领域之中，它就变成了阻碍我们继续理性地认识真正的视觉立场或清晰表达我们实际的视觉欲望的方式。这样一来，计算机的重要之处就不是它的数字光学本身，而在于我们使用具体的视觉机器和建立统计光学的方式：我们获得的关于自己视觉状况的知识越来越少，用理性幻觉愚弄自己的机会反而日益增强。

就使用统计思想来说明当代文化生活的这一程序而言，最简单的例子可能就是一个"极端真实的发明基础上的寓言"（p.67）。例如，在《视觉机器》中，维利里奥通过对**"计算笔"**的讨论来描述当代写作行为：

> 你需要做的只是在纸上写下计算过程，就像你自己在做计算那样。你一写完，计算笔自带的小屏幕上就显示出了结果。神奇吧？一点儿都不奇怪，在你写的时候，其中的光学系统记录了你写下的数字，而电子元件则完成了计算。（ibid.）

在这个例子里,人们是否注意到所有事实并不重要;故事里重要的部分是笔写下的内容,"这次是本身没有视觉的笔,它会代替作为阅读者的你,写下这本书的最后几句话"(ibid.)。维利里奥接着说:

> 想象一下,我为了写书借用了技术最先进的笔:**阅读笔**。你认为出现在屏幕上的会是什么,辱骂还是赞美?但是,你听说过只为笔写作的作家吗?

维利里奥认为,这就是视觉机器的目标:把所有可能存在的矛盾逻辑都变得视觉化和技术化,并构建起一个空间,让计算机化的记录与图像的想法能够不断地升级和延伸。

极惯性:登月的影响

在回应视觉机器的出现以及失明的视觉的产生时,维利里奥指出,我们不可能"谈论视听技术的发展而不提及虚拟影像对人类行为的影响,或者不提新的**视觉工业化**现象与合成感知的实际市场的增长"(1994b:59),这一视角开启了关于"其中所有伦理问题"的讨论。事实上,在《视觉机器》中,他就试图通过研究视觉机器的矛盾逻辑来揭示视觉技术的"本质",这些视觉技术包括虚拟影像、视觉工业化以及人工合成感知,而他所使用的方法,则是被主张技术"框架"论的现代哲学家们通过 20 世纪初反复的类似研究证明了实际上是不可能的方法[其中最接近成功的例子,大约要数海德格尔(Heidegger,1978:307-342)]。最能说明这一启示的复杂性的例子是维利里奥关于 1969 年 7 月 21 日人类登月的当代哲学意义的思考。

当然,维利里奥在《视觉机器》之后继续发展他的伦理思想时,事实上已开始质疑视觉技术是否真的能够揭示自身的本质,或者更进一步地说,对这些技术的矛盾逻辑的分析在理论和实践上是否真的可行？然而,他在《极惯性》中指出,这些问题可以被纳入一个新的框架中来思考,也就是说,不再根据对自身的本质或矛盾逻辑的揭示,而是根据它们与阿波罗 11 号在月球着陆的关系来思考这些视觉机器(2007a:72)。维利里奥认为,视觉机器不仅揭示了影像的诸多特征,而且揭示了这样一个事实：在登月发生的"那一瞬间","海拔变成了纯粹的距离"。因此,对维利里奥而言,登月意味着"存在着另一个地面或基础,**一个位于我们上方的地面**",而"看月亮"如今变成了"和从岸边看一个岛屿相同的事情"。但是,他还指出,这一"看"的代价是"天空被抹去"以及意外浮现的"面向广阔空间的阳台风景",这时候,"外太空的界限突然变成了满天星斗下的海岸"。这里维利里奥把真空、外太空界限、"弃用"等概念与"被称为地球的天体"关联起来,从此以后相比于分隔两个天体的时间和空间,地球则不那么令人感兴趣了。尽管如此,对维利里奥而言,关于看的本质、天空、真空等的转变,还有重要的一点需要记住：视觉机器还揭示了另外一种外部界限,即科学的外部边界,因为科学已经"变得如此的技术化",以至于让如今的哲学家都"无法理解"(p.73)。

可是,维利里奥现在不再从揭示本质与矛盾逻辑的角度来讨论视觉机器,而是强调登月这一事件,它与奥斯维辛、广岛和长崎一道,构成了无意识或无良知状态下日益普遍的技术科学"恶果"的一部分(p.74)。他认真考察了视觉机器的潜能,并在此基础上指出:一旦"人类到达了月球的土壤",我们的世界就会遭受"延伸的丧失","随之而来的是已建立起来的世界时间的衰退"。在他的理解中,这一世界时间也就是人类的心理时间。的确,对维利里奥而言,视觉机器的意义在于它们打乱我们与人类心理建构性时间和空间的关系问题。

在《极惯性》及其他著作中(Virilio,1995:133-156;1997:9-21;2010a:51-74),维利里奥区分了三种视觉和技术文化场所:万能遥控空间,统计型影像,极惯性。在其他关于极惯性的论争中,类似的观点也勾勒出视觉和社会技术发展的路线。例如,德勒兹主张,当前"我们正处于一个新时代的开端",或者说,处于监狱系统中,其特点是"试图寻找替代'监禁'的方法,至少是对轻微过失者的监禁,以及用电子标识跟踪系统迫使违法者在特定时段待在家里"(Deleuze,1995:182)。德勒兹的方法是把万能遥控空间描述为20世纪末最为重要的社会形式,在诸如威廉·巴勒斯(William Burroughs,1968)等作家的文学作品中也有所表现。类似地,代码、密码、信息、样本以及数据等统计型影像对于德勒兹来说也是万能遥控空间的关键元素。极惯性则是新近的视觉和社会技术发展,它拓展了统计型影像存在的前提,并且,我们知道,它主要见于维利里奥的著作之中,用德勒兹的说法,维利里奥在相当长的时间里,一直在"分析那些似乎任意流动、超速运行的控制形式,这些新的形式取代了在各类封闭系统的时间尺度下起作用的旧有的规训方式"(Deleuze,1995:178)。

尽管德勒兹区分三种视觉与技术文化场所的方法在监狱系统等个案中是有用的,这却不是维利里奥在《极惯性》中所做的区分。在这个方面,他提供了更为复杂的视觉和技术文化图景,表现为万能遥控空间、统计型影像和极惯性共存于当前的视觉和技术生产时期。相应地,《极惯性》也和《消失美学》形成对照,后者以霍华德·休斯为例把极惯性描述为拉斯维加斯沙漠客栈(Desert Inn)中死尸般的固定状态,而前者则是关于各种视觉技术对我们的位移感产生的影响。维利里奥认为统计型影像驱动着当代视觉机器,并已成为极惯性的一个关键组成部分。这样理解的话,极惯性并不等同于统计型影像,而是它的结果,在整个当代文化与社会中这一结果正在无休止地升级和扩大。因此,极惯性在20世纪的现代性之下并没有完全地显现,而是在21世纪的"超现代性"(Lipovetsky,2005)中不可抗拒地蔓延开来。简而言之,极惯性时代的到来很大程度上是统计型影像带来转变的结果。根据维利里奥的阐释,由于统计型影像自身无休止地"改善"与"进步"的努力,它处于无止境的骚动与发展状态中。维利里奥认为,在对抗并摧毁现存视觉观点和技术类别的超现代性的困惑中,极惯性近乎是一种军事力量(Virilio,2010a:51-74)。此外,它还催生出新颖但完全破坏性的思维模式与失明的视觉,进一步揭示了那些占主导地位的超现代主题,如"持续改进",或他所说的"关于进步的宣传"(Virilio and Armitage,2009:107)。

手机:万能遥控器

按照以上这些思路,维利里奥为我们描绘了极惯性,例如,它可以是我们在手机上的"失明了的"视觉行为,在使用手机的过程中,我们"如今不仅在同样的时间里看到同样的东西",而且通过实时传播和实时信息"共同做出反应",这像是"很多对话者"的"情感'融合'",是在一种"条件反射"的作用下"忘乎所以"的"情感'融合'"(2010a:7)。维利里奥分析的焦点在于"能够做任何事情、听到任何事情、看到任何事情的移动电话,实际上摧毁了从现代时期开始就存在于欧洲的移动与传输的概念",尽管它的名字中有着移动的字样。维利里奥(pp. 45,81)主张,手机和互联网一样,不仅把"外部世界的所有危险"都带入内部,进入"每一个人的家里",而且还通过视频电话会议等方式把这些危险带到"他们的手掌上"。事实上,维利里奥认为,"移动电话的发展"实际上预示了人们将会穿上"智能服装,那些未来的'电子紧身衣'(electronic straight jacket)"[①],而智能穿戴又是"万能遥控器"的先驱(p.88)。"在此类被遥控的存在中",维利

---

① 指在特殊情况下,如审讯、虐待、对待精神病患者、脱逃游戏或魔术等,用于限制行动自由的道具。

里奥写道:

> 个体将在他们行动轨迹中的每一刻和每一点上,被保持在联系状态,以至于他们不再有任何空闲时间来做长时间的反省。这是因为曾经的直接感觉日益被外包出去,明天这一模式将垄断我们所有人的生活;我们所有人都将在自己的思想情感、最私密的情绪中突然变得集体化,那时我们不再有笃定的情感,而只能跌跌撞撞蹒跚而行,或者更确切地说,那时,我们将会在新流行的合作形式下(在网上)漫游;一群曾经孤立无援的乌合之众,如今陷入了 20 世纪的末日先知所预言的**一致主义**的癫狂之中。

维利里奥认为他关于人类登月的哲学思考实际上意味着同时引入了超现代性的**"速度狂"**(dromomaniac)和**"环境逃兵"**(p.97)概念,并且,与超现代性的速度狂和环境逃兵一样,登月事件还让我们首次了解到了超现代性中的速度沉迷。维利里奥这里指的是登月事件开启了超现代性毫无戒备地参与"星际移民的巨大突变的过程,在这一过程中,惯于久坐的人类因为有了手机,如今在任何时候都有了宾至如归的感受,无论是在高速列车还是在超音速飞机上,都如同在自己的家里一样";同时,这也引入了与行人相关的主题,一位低头使用手机的步行者"偏离了路线,并因其'穿行移动能力'而导致事故风险,看上去就像是处在醉酒状态中一样";这样的行为无意间让一个"普通行人"自发地变成了"具有某些标志性神经疾病的残疾人的编舞者"。此外,"他们并不满足于将视线范围内的一切排除其路线之外",维利里奥写道,"如今使用移动可视电话的行人忙着专注于视听联系中的对话者,几乎连自己眼前的东西都看不清":

> 面对此类不大可能成功的电话行为,当然我们已经想到,这一新的"人体技术"会很快产生……这类受到热情欢迎的移动姿势以及缺乏连贯和平衡的走路方式来与之匹配……
>
> 因此,他不再熟悉自己走过的区域……结果就是这个孤独的行人,最终有一天,他会完全忽视自己周围的生活,忽视他漫步走过的近在咫尺的一切,而变得完全沉浸在一个可视听的"遥远世界"的集体化想象之中,这将满足他破坏掉一切实际经历的期望。(2010a:98)

维利里奥关于城市中手机与极惯性的重叠有着复杂的论述,为了对其进行更好的阐释,需要深入考察他对于万能遥控空间、统计型影像和极惯性的描述。

万能遥控空间的起源

对维利里奥而言,万能遥控空间包含了"人类学-地理学参照空间的逐渐消失,取而代之的是一种纯粹**视觉引导的文化**"(2000a:76),正是不断进行"责任转移"的视觉技术文化"很快产生出了人类体验的新边界"。他引用沃纳·冯·布劳恩(Werner von Braun)的话指出:"明天,学会空间将和学会开车一样重要。"这一点"纠正"了被普遍接受的空间理论观点,他提出,日益增长的控制使得地球看起来像"外星飞船的**空洞**空间",并取代了"原始方舟"的"被填满的空间"。他这里所要说的是,这个"最后的方舟"正在用当代视觉文化的"非场所"和技术文化的"空间-速度"中的"空间-时间"逐渐取代我们普通场所经验中的'空间-时间',而"速度其实也就是'传输事故',是被建构世界的提前老化"。这也就是为何《极惯性》一书主张,被速度的"极度暴力"冲昏的后现代视觉文化"并未成就任何事情;它只是抛弃了**生活**,而选择了高速下的**虚空**",因此,我们除了看着电脑和手机屏幕,监视着自己的"互动轨迹"外,几乎什么都没做。维利里奥认为,这是一场没有视觉距离的"旅程","一段没有实际时间流逝的'旅行时间'",它向我们描绘世界,但只把这个任务当作"组织各种影像与信息的实时传导性"的问题来对待。因此,明天,通过观看我们的屏幕和监视我们的互动轨迹,我们的"环境控制"将会帮助我们实现一种绝对速度,或者说一种"速度政治"(dromo-politics),其后果是"民族国家将让位于社会管制和跨政治解构"。在这里,手机等新确立的视觉技术被呈现为虚假的或非自然的东西,并被暴露于批判之下,目的是让我们能够抵制这些技术的影响。

这一万能遥控空间"将逐渐取代直接的指令,最重要的是它还会取代伦理",这会发生在很多领域中,包括遗传学、生态学和经济学(p.77)。然而,这并非维利里奥描述的全部。其他理论家视通常视为和极惯性相关的许多视觉机器,在《极惯性》一书中也被维利里奥归入和万能遥控空间相关联的一类。维利里奥特别注意把自己对极惯性的阐释和德勒兹等其他人的阐释区分开来,后者认为极惯性是视觉机器的统计型影像的结果,并且立足于信息和维利里奥所说的"无处不在"的概念(p.78)。而维利里奥则认为,无处不在的概念并没有体现出极惯性的全部内容,反而是我们的动物性身体的万能遥控空间实现了这一点。在信息加速流通和万能文化遥控的情况下,空间变得激进和具有破坏性;的确,万能遥控空间变成了我们动物性身体的一种功能。维利里奥认为,这日益成为后现代文化交流中的日常体验:整个信息世界不断增长并变得完整。因此,万能遥控空间变得无处不在。当然,我们越来越接受了万能遥控空间,把它当作自然世界的替代品、我们唯一的处所,而同时,我们当代文化中的各类视觉技术在整个后现代社会中继续迅速扩散,并宣称它们控制了我们的动物性身体。世界的不稳定由此被各类视觉技术的"稳定"所取代,这些视觉技术处处控制着今天的文化,也从内部控制着这一文化中的栖息者。

统计型影像、极惯性与事故:社会政治控制论的逐渐扩散

在对抗万能遥控空间时代中日益加快的信息流通方面,维利里奥指出了问题的两个根本原因,即统计型影像和极惯性,二者如果不加约束的话,都会以"目前决定着

所有交易"的"实时内爆"的方式摧毁万能遥控空间（2000a：78）。它们并非两种全然不同的计算机驱动形式或灾难形式，更简单地说，极惯性是统计型影像的结果，它进一步加剧了后者对于万能遥控空间存在本身的挑战。在其他著作中，维利里奥还指出，"情报方面的战略需要"使得第二次世界大战成为"纯粹统计意义上的**信息观**得以发展的主要催化剂"（1995：135），这导致"一种**社会政治控制论**的逐步扩散，它不仅倾向于消除所有的弱者，而且还倾向于消除人类工作中的自由意志成分，推行所谓的'交互式用户友好性'"。社会政治控制论的扩散这一观点在维利里奥对于视觉技术的思考中非常重要，但常常被人们忽视。鉴于此观点在他关于统计型影像和极惯性的主张中的核心地位，理解这一观点所涉及的问题也就至关重要，而维利里奥对社会政治控制论的阐述是沿着他自己对事故的讨论展开的。

维利里奥关于事故的哲学思考源自亚里士多德（1998：150），然而，在20世纪和21世纪，随着视觉技术的发展，事故成了讨论和辩论的话题。对维利里奥而言，事故的各种核心要素和征兆都可以在人类登月的后现代理论特征中找到。在《极惯性》一书中，他区分了两种视觉的、时空的、加速的、技术科学体验的两种形式即"事故中的事故"和"传输事故"（2000a：75-76），二者都是人们接触到某一特定时间的诞生时发生的事件（无论是一种欲望、观察、现场发生的事件或是原始时间的产生）。事故中的事故是某一个事故，具有绝对的单一性，它是时间诞生本身的另一个称呼，如维利里奥所言："似乎无处不在的观察欲望——在现场看到，为什么不呢？——原始时间的产生，比任何关于时间的'发明'的哲学话语都更好地表现了普世科学的权力意志。"(p.75)而在传输事故中，事件或许更加复杂，因为这时候人们既被速度的极度暴力冲昏，也意识到，在这一特定时间诞生之后，自己事实上哪儿都去不了："我们只不过是抛弃了**生活**而选择了高速下的**虚空**。"(p.76)

维利里奥认为，传输事故中的事件发生时刻可以用一个例子来说明，就是当人们面对伦敦金融城和华尔街的股票自动报价或程序控制交易的时候，在20世纪80年代，人们普遍把这一现象称为"大爆炸"，它引发了全球化经济的到来。维利里奥指出，鉴于此类实时系统内爆的发生，如1987年10月19日的黑色星期一，以及2016年5月6日美国公司股票的"闪电暴跌"或股市崩溃之后近乎瞬间的反弹(Crosthwaite，2011：177-199)，我们对于程序化交易和类似的控制论结构的持续信心是错误的。不仅如此，此类实时系统的内爆"目前决定着所有交易，而计算机驱动下的1987（以及2010）年的崩溃只是其他经济灾难即将来临的一个先兆"（Virilio，2000a：78）。从这个意义上说，此类实时系统的内爆表明，我们多半没有承认自己对"智能"用品的依赖，但这种依赖越来越多地导致一系列"贸易和社会传播领域内的突发性中断"。那么，导致传输事故发生的原因是社会政治控制论的扩散；但是在这种事件当中，我们可以想象的是，信息流动越快，"对所有交易的控制就越强并趋向于变成绝对控制"。因此，维利里奥对于传输事故的构想来自他对社会政治控制扩散的思考。

维利里奥发明了传输事故的概念,来阐释各种视觉机器,从电脑到手机,会怎样摧毁甚至是其他更成熟的视觉技术,并取代我们的自然环境。而视觉机器的统计型影像,有能力缓慢但有效地拓展社会政治控制论,也就是说,消除人类劳动中的自主性成分,推进所谓的"交互式用户友好性"。

在传输事故型事件(它们的实时系统内爆、它们对所有交易的制约以及它们作为警告标志的功能)发生之后,它有两种方式可以分别展示当前社会政治控制论的扩散,其一是维利里奥所说的"统计型影像",其二是"极惯性"。这一区分是两种方式之间的差别的根源,维利里奥对其描述的出发点是"统计学的创新作用"及其影像"对控制论统治理论的微调"(1995:136),以及极惯性相关的越来越"脆弱的人类'自我意识'"(2000a:78)。因此,统计型影像的传输事故也就与控制论统治方面的事件相关联:模拟摄影和电影等旧有的视觉技术无法充分地反映这个世界,导致事件越来越军事化;根据诺伯特·维诺(Norbert Wiener)的观点,维利里奥提醒我们注意**"军事传播复合体"**的危险(1995:136)。反之,通过极度的焦虑感,极惯性的传输事故在视觉技术可能出现停滞或崩溃时起作用:新的移动逻辑可能会缓慢地停止,并由此产生对于新型时间性和静止状态的广泛恐惧。维利里奥认为,这种对危险的强烈预感"揭示了生活在今天的人们的过度紧张状态",因为每个人"都很容易就可以想象到"万能遥控空间的"停止"或"崩溃结构",这必将影响并挑战视觉机器,其本身暗示着"由于速度和他们(日益'变弱的')直接行为的景深的缩小"而产生新"行为惯性"的可能性,也表明在体验和思考媒介化世界方面存在着多种残缺方式(2000a:78)。例如,那些"聪明"的、"酷"的、然而不知何故相互隔绝的个体,他们"以**客体**为导向"但却让"**主体**迷失方向",我们难道不是每天见证着手机引发的面对面的碰撞吗?

维利里奥用有效的方式为我们清晰地说明统计型影像和极惯性之间的差别,他指出,二者都涉及正在发生的社会政治控制论的增强与扩散。遵循卡尔·波普尔(Karl Popper)的思路(1990),他把各种统计上的趋势归于统计型影像一边,并认为,这些统计的结果"常常被人们当作事实来对待,以至于它们本身成为一种势力,一种我们不得不面对的势力"(1995:148)。维利里奥关于各种统计行为的假说(p.150)也就是关于统计这一动态力量的思考的概括;当然在他的构想中,我们看似透明的世界,事实上乃是"一个隐蔽发动机的产品",即视觉机器的统计型影像。因而,目前对视觉机器"**当前时间**"唯一的正确描述只能是"分次降临的**实时**,其本身只是一种历史演变的一般性统计数字的结果",我们目前的"现实世界"始终不过是一个人工合成的幻象。举例来说,维利里奥认为,作为我们"生活的当下"的网络空间"不过是一部**活电影**"(p.151)。简而言之,"传输革命"如今已准备好了要扩展社会政治控制论,它所使用的方法是所有大都市空间和文化空间的机动化。例如,手机帮助实现了网络空间化的"城市位移",让我们的日常生活环境日益变得

"不适合居住",因为人的物理移动变得电影化了,变成一种高科技的"障碍赛跑",在其中他只能作为对手、至多也只是作为竞争者而存在,并且是"你只会遇到一次的人"(Virilio,2010a:98)。因此,由于手机和具有社会政治性的"计算机马达的数字影像"迅速发展,"感知信仰"在当前"正在被虚拟生成器(virtuality generator)所滥用"。维利里奥认为,这使得统计型影像及其行为成为一种控制论统治:它为社会政治控制论的扩散提供了条件,使其可以作为计算速度的增强策略加以应用,而同时,"Quattrocento① 画家们的**实在空间视角**"由于"Novocento② 的计算机专家"的存在而继续被实时视角所取代。

与此相对,维利里奥(1997:9-21;2000a:82-86;2010a:578-564)提出了瞬时"远程行为(teleaction)"中的极惯性问题。维利里奥提出,远程行为"让我们再次关注传统上与**无界之邦**(atopia)和**乌托邦**(utopia)"③相关联的哲学与政治问题(1997:10),它进一步推进的不仅是社会政治控制论,还有"已经被称为**遥控之境**(teleopia)的场所,以及所有与其相关联的矛盾"。他既使用了大量的矛盾修辞(比如"远距离会面"),也利用了"远程在场"中的矛盾问题。事实上,他指出,今天的"技术崇拜者们"似乎

---

① 指15世纪风格,尤指文艺复兴时期意大利的艺术与文学。
② 意为20世纪,作者此处引用这一意大利词是与前面的 Quattrocento 对应。
③ atopia 和 utopia 都源自希腊语,前者的意思是"没有疆界的社会",后者则是"不存在的地方",但通常因为莫尔(Thomas More)的空想社会主义著作而被理解为理想社会或想象中的理想社会。

一点儿都不在意"各种实时技术……正在把'当下的'时间与此时此地隔离开来并在此基础上将其消除",因为各种实验的对象都是"替换性的别处,它与我们在世界上的'具体在场'不再有任何关系,而是一种属于别处的'互不相关的远程在场',它始终保持着完全神秘的面目"(pp. 10-11)。也就是说,远程行为中的传输事故不仅是实时视角等计算速度的增强策略问题,而且是一个"同时,在此地和别处的,远程在场"的问题(p.10)。维利里奥对于"实-时""时-空"或"事件"等概念的使用,以及他对场所和网络空间方面公认观念和新观念所具有的破坏性倾向的批判,都在挑战我们关于场所应该是什么的假设,并反复削弱我们今天进入网络空间这一"远程空间技术的非场所"(the noplace of teletopical techniques)①的渴望。因为,按照他的说法,到目前为止,关于"人机界面"的"场所"感一直是让我们困惑的东西,即使这种困惑时常呈现出令人着迷的感官环境和令人振奋的技术景观,即互联网和手机屏幕。尽管如此,他还是希望这一技术景观有朝一日引导我们提出日常时空和技术行为方面的关键问题。

维利里奥思考"远程行为"的结果是他对与视觉机器相关联的极惯性最为明晰的阐释之一:

当前传输方面的革命导致了终极媒介的革新:静止不动的视听媒介,标志着发送者/接收

---

① 在维利里奥看来,网络空间是没有拓扑空间的非场所,是纯粹电子的、抽象的、非真实的空间,没有实际的物理场所,在那里我们的行为不会遇到任何物理上的障碍。

者行为性极惯性的出现,它把我们从备受赞美的产生了电影投影光学幻觉的**视网膜持久性**转移到了此类"终端人"的**身体持久性**。(1997:11)

也就是说,维利里奥认为,与当前传输革命的视觉机器相关联的极惯性,通过社会政治控制论的扩散摧毁了传统的视听媒介和视觉技术,而社会政治控制论不仅是计算速度的增强策略,它也是统计行为和统计型影像,或者说,是摧毁习以为常的移动或行为方式的力量。视觉机器的极惯性是"终端人"的身体持久性;它粉碎了逻辑,削弱了发送者/接收者所习惯的类别,并重新引出了"什么是技术化视觉?"和"什么是光学幻觉?"等问题。

因此,如果说维利里奥在《视觉机器》一书中的目的在于揭示视觉技术的本质,那么在《极惯性》中维利里奥则有着不同的思考,他在《极惯性》中提出,视觉技术之所以重要,是因为它们有能力迷惑、破坏和挑战我们关于位移的假定。他指出,当代计算机和手机的极惯性,通常会抹杀生命体伦理重新聚焦的所有努力,这一力量挑战的甚至是历史悠久的模拟视觉技术,它使得数字视觉机器在维利里奥的思想中扮演着重要的角色,因为维利里奥从根本上反对社会政治控制论的扩散。

结 论

维利里奥的《视觉机器》一书质疑了新媒体视觉机器在现阶段的作用,《极惯性》则考察了人类登月和传输事故的重要性，二者均有能力摧毁传统观看方式及模拟视觉技术。由于传输事故反映了社会政治控制论通过当代数字视觉技术的逐渐扩散，它可以帮助我们准确地发掘和批判此种破坏性思想与行为的新的可能。维利里奥在《视觉机器》中主张，之所以要研究各类视觉机器，是因为它们具备揭示自身本质属性的能力。与此不同的是，他在《极惯性》和《灾难大学》中认为，手机是万能遥控的一种形式，手机的例子表明，视觉机器的功能在于完全破坏我们对人类移动的日常感知，我认为，维利里奥这些论点的重要性就在于提醒我们注意这个事实。此外，统计型影像和极惯性通过计算机、手机和其他视觉机器导致了传输事故，这只不过是揭示了我们知识的外部界限并发现新的、否定性的、也是批判性的视野。维利里奥认为，极惯性不过是统计型影像的一个极为重要的结果，他指出，在统计型影像中，能够更为有效地提高计算速度的策略导致了传输事故的出现，而同时，极惯性的传输事故消除了我们此时此地的在场意识，消除了人类心理的建构性时间与空间。

第四章 恐慌城市：电视的工具性影像循环与媒介事件

引 言

这一章的目的是考察维利里奥在其媒介理论中提出的"恐慌城市"（2005b）的概念，我将对维利里奥的四部著作（2000c，2002b，2005b，2007a）加以阐释，这些著作都延续了《消失美学》《战争与电影》《视觉机器》和《极惯性》中的诸多主题与概念，本章的焦点在于我称之为"电视的工具性影像循环"（the instrumental image loop of television）和媒介事件（media events）这两个方面的相关问题。因此，引导本章的重要问题是：在"飞向未知领域"的现代技术超越经历后现代升级的情况下，什么样的"事件景观"（landscape of events, Virilio 2000c）或媒介理论是可行的？为了回答这一问题，本章将对维利里奥（2005b）所提出的观点做一个概述，并在此基础上引出关于"恐怖主义的变异"（the mutation of terrorism）、"戏剧性军事主义"（theatrical militarism）、"视觉分神话语"（visual discourses of distraction）以及"情感同步"（synchronization of emotions)等一系列以媒介和事件为基础的问题,下面将分四个部分对此详加论述。

《事件景观》:恐怖主义的变异

在《事件景观》一书中,维利里奥审视了他的哲学思想在媒介和城市方面的内涵,并从现代技术超越升级的视角描述了电视的作用。

在《疯狂纽约》(Delirious New York)一文中,维利里奥用最明确的方式阐明了他对时间和城市景观之间的关系的构想:

> 1993年对世贸大厦的袭击是后冷战时期的第一次,无论袭击者是谁,它都开启了新的恐怖主义时代,完全不同于爱尔兰或英格兰经常发生的爆炸。(2000c:18)

各种恐怖袭击是事件景观的组成部分:它们质疑后冷战时期的秩序,破坏我们生活在其中的文化,并向现状开战。维利里奥认为,此种质疑和破坏仍然与电视的问题相关联。他指出,电视直播的媒介事件包含了也产生于他所说的"恐怖主义新时代"(ibid.)。它不同于"恐怖主义旧时代",恐怖主义旧时代属于核威慑时代,在恐怖平衡的时期或领域内运作:它找到并描绘了一种类似轻微政治罪的东西;例如,核威慑时代的"小恐怖主义"象征着与"'毁灭性武器'(如原子弹)和阻碍性武器'(如碉堡)的传统霸权"相关的局面,也就是说,矛与盾的决斗(p.21)。恐怖主义的新时代是另一种攻击的一部分:它不仅改变了一种局势,而且要摧毁它。这方面的例子包括1993年想要炸毁世贸大厦的计划,或1993年3月13日的孟买证券交易市场爆炸案,在这两种情况下,都没有单纯想要改变世界真实面貌的明显努力,但却存在着创造其必要条件的努力:完全的毁灭。如果说旧时代的恐怖主义试图改变世界,新时代的恐怖主义则试图毁灭世界。对维利里奥而言,新旧恐怖主义时代的区别构成了对媒介事件、特别是对电视进行理论分析的起点。

维利里奥认为,当我们在思考恐怖主义新旧时代时必须要把城市景观考虑进去,在这方面,他自己的著作就有论述,如本章所示,他建立起了媒介事件和城市内部、策略性事件和军事命令转变之间的关联。在他的媒介理论中,这一关系被称为"恐怖主义的变异"(Virilio,2000c:18)。

维利里奥指出,基于媒介与事件的机构,例如联合国,的确忽视了这一变异,或者在应对恐怖主义新时代时,仍然使用同样的原则重建国际仲裁或冷战时期的审判方式(很自然,这些来自"战争罪"的始作俑者本人),在这种背景下,如果"恐怖主义行径"没有受到严厉的制裁,这些机构会让人感到无助,并且"对无辜的受害者、特别是给民主造成巨大的破坏"(p.19)。他认为,有两种方式让后现代媒介事件有此后果,而这两种方式都类似于《消失美学》中描绘的"飞入未知领域"的当代技术超越升级。

第一种突出新旧恐怖主义时代区别的方式,根据军事命令的升级方式,以策略性事件为中心看待恐怖主义新时代。这种方式始于 1989 年柏林墙的倒塌,或更确切地说,始于 1990—1991 年海湾战争所开启的新的战争时代(参见 Virilio,2002a)。在这一媒介事件和恐怖平衡时期终结后的新战争时代的概念之下,在各种墙坍塌和西方战争政策重新强化的时代,从美国外交政策不确定性的骇人升级的基础上产生出了这一时代自己的电视类型。电视变成了骇人升级的一个组成部分,而相应发展出来的西方战争观念则包含了城市范围内的特定灾难类型。西方制定的战争政策乃是恐怖平衡时期终结的产物,它在一系列新的"安保"声明中详细描述了如何让生活"安全"的理论。这样一来,事件景观也就根植于这样的主张:即使西方的战争政策导致了世界范围内的不确定性,(譬如)美国总统仍然应该被赋予执行这一政策的能力。这里的困难在于,这种令人恐惧的升级,以及随之而来的电视转播后的驱动,是一种先发制人的军事干预主义,它要求在联合国安理会最近决议之外建立地缘政治体系,并决定我们必须如何生活。具体的例子包括从"人道主义"假定出发来确立海湾战争合法性的西方政策,或 1999 年的科索沃战争中从特定哲学思想衍生出的军事政策,这些政策对于外交和完全复苏的新殖民主义及军事行动所能实现的目标有着明确的看法。然而,假如在海湾战争和伊拉克战争中,萨达姆没有任何顾忌,并准备使用一切军事手段,"那么明天他在联合国的对头们就会变得和他一样"(Virilio,2000a:81)。或者,如果像英国前首相托尼·布莱尔所说的那样,科索沃战争"是新型的战争,它既关乎领土,也关乎价值观",那么他"现在已经不再重视战争的物理条件"(Virilo,2000b:2)。因此,西方的这种战争政策不仅是冷酷的新殖民主义,也是不道德的、大一统的、有传染性的特征,西方战争政策的骇人升级是预先给定的,从伊拉克、科索沃到英国和美国,人民开始遵循其"军事人道主义"(Chomsky,1999),也就是说,接受了从日常生活向日常战争的转变。

第二种在媒介,特别是电视方面产生出问题的策略性事件的形式与恐怖主义升级、"飞入未知领域"或维利里奥所说的**"不平衡时代"**(2000c:19)有着更为紧密的联系。在这一阐释中,电视开始和1993年世贸大厦受到的历史性袭击等事件联系在一起。维利里奥认为,1993年的世贸大厦事件标志着最近一个不平衡时代的开始。在这种范式下,恐怖主义新时代不是由国家的军事干预政策所驱动,而是被各个大都市中的人们所"栖居"着:例如,电视上展示的各类恐怖犯罪行为加剧了我们的恐惧,我们因此习惯并开始信任,或至少接受了恐怖威胁和恐惧心理下的生活方式(Svendsen,2008)。这就是在事件基础上的西方战争政策范式,在这种范式下,只要我们还与它关联、适应它、相信它先发制人的原则、支持它未来导向的"反恐政策",等等,我们就需要确保它的成功。但是,维利里奥指出,以大众传媒为基础,这种范式也会以其自身的方式导致无能为力的感觉。如他所言,毫无抵抗力的状态是很明显的,因为西方政策逐渐控制了电视并不断地呈现战争场面,在这种情况下,我们无法拒绝或批判美国军事频道的设立,例如,它"每天 24 小时不间断地播出战争、武器和炸药方面的纪录片与电视连续剧"(Virilio,2000c:20),对我们自身和民主都有着难以想象的伤害力。因此可以说,电视与 1993 年世贸大厦受到的标志性袭击之间的关联,使得这一重要的袭击事件成为电视进一步军事化的跳板。自然,那些陷入西方的战争制造政策中,但又不赞同其原则和战争频道原则的人们,或许会出于良知表达他们的异议,但绝不会被军事化的电视所承认。我们只需要看看西方军事政策和原则支持下所拍摄的无数战争纪录片就可以了解到这一点,例如,在里程碑式的英国系列纪录片《二战全史》(*The World at War*,1973)中,没有一集是关于"二战"期间因良知而抗拒服兵役的事例,在《南北战争》(*The American Civil War*,2006)等系列纪录片中,因良知而抗拒服兵役的人完全缺失。在这两个例子中,西方特定的战争制造政策原则在过去和现在都是通过电视进一步军事化了,而那些不认同这些原则的人们,例如因良知而拒服兵役者,则完全被压制了。

维利里奥指出,随着消失美学时代中当代技术超越的升级,策略性事件与不平衡时期的这两种范式获得了理论与实践上的支持,并且,它们在电视的进一步军事化方面的潜力也更加明显。与此相对,维利里奥提出我们应当避免把电视简化为一种骇人的升级,或简化为在高楼大厦的屏幕上展示著名的大屠杀(基本上是那些标志着最近一个不平衡时期开端的军事袭击)。维利里奥认为,恐怖主义新时代,连同其全部技术假体,无法简化为

第四章　恐慌城市：电视的工具性影像循环与媒介事件

旧的恐怖主义时代，这意味着电视的问题不仅仅在于制作战争相关节目，也不是服从那些战争和战争节目制造者们的问题，而是包含了关于"新近的武器系统革命"的意识，以及意识到它们"既是定量的也是定性的变异"（2000c：21）。因此，如海湾战争的例子所示，维利里奥的电视观的基础是"'传播武器'的战略性出现"。因此，在事件景观中，今天的战争和杀戮与"毁灭性武器'或'阻碍性武器'的传统霸权"无关，相反，按照"陆、海、空三种军事战线的存在，我们看到的是第四种战线的逐渐建立：信息力量的战线"（2000c：21）。对维利里奥而言，"国际恐怖主义"是"无法脱离这一**媒介战线**而存在的，并且，恐怖主义袭击之所以有了意义和政治价值，完全是因为始终受其支配的电视直播宣传的存在"，这一点是认识电视的基础。电视军事化的发生有赖于"此类恐怖主义暴行适合电视直播的特点，这一特点又不断强化它们唤起人们情感的力量"（ibid.）。当然，苏联和意大利阻止了这一点，因为两国全面禁止媒体报道恐怖主义屠杀。由此可见，了解电视也就了解到这样一个事实：20世纪，军队间的大规模战争正在让位于利用大众传媒的作用，最大限度地影响全球公共舆论的大规模屠杀。

这看上去似乎很简单，但是维利里奥这一视角的影响是广泛而多层面的，并促使我们关注媒介事件方面的一个新构想，《事件景观》一书对这一新的构想有所介绍，但更为系统的阐发则是来自《恐慌城市》。

恐慌城市:电视的工具性影像循环

维利里奥的《恐慌城市》与《归零地》(Ground Zero, 2002b) 极为相似,《归零地》关注的核心问题是后人类 (posthuman) 的"进步"这一破坏性力量,以及自杀式行为、反乌托邦和所有威胁的后"9·11"时期中的后现代道德规范,而《恐慌城市》重新拾起并扩展了《归零地》这一早期著作中的若干概念,但它对于恐怖平衡、景观、城市、媒介事件的理论分析超越了《归零地》。

《恐慌城市》中与书同名的那一章(2005b:85-112)一开始给出了一系列类似上一节中的例证,它们确立了维利里奥所说的"恐惧"发生的瞬间:"歌德写过,'当恐惧抓住了我,我便虚构出一个形象'。如今人们无需自己虚构这样的心理图象,电视能立刻提供工具性的影像。"(p.85) 这一段引文进一步发展了维利里奥在《事件景观》中关于电视军事化趋势的假说,其中举例说明了暴行适于电视直播的特点,从这一观点可以看出,恐怖主义的形象不断得到加强,在这里,更为重要的是,在这一影像的感召力量之下,恐惧开始浮现。如果我们通过全面禁止媒体报道最可怕的恐怖主义屠杀等各类事件来防止电视的军事化,我们会越来越不了解当代具有新闻价值的事件;但是,如果我们继续加强其煽动性力量,我们必然会败给电视瞬间提供给我们的工具性影像。

因为我们无法阻止大规模屠杀者利用大众传媒的作用及力量最大限度地胁迫全球公共舆论,我们陷入了维

第四章 恐慌城市：电视的工具性影像循环与媒介事件

利里奥所说的"**恐慌城市**，它比任何城市混乱方面的理论都更清晰地表明，**20世纪最大的灾难一直是城市**这一当代进步灾难的大都会"（p.90）。1993年世贸大厦爆炸案后及2001年9月11日世贸大厦倒塌后的纽约，萨达姆·侯赛因垮台后的巴格达，联结这两者的是同一种恐慌城市，在当代城市的逻辑系统中，恐惧令它们分隔而无法与其他城市重新统一。电视的军事化也因此在其他都市继续筑墙，城市及其周边农村的人们则陷入封锁与孤立、空降威胁与战争威胁的逻辑之中。这时如果我们暂时回顾一下《消失美学》中的范畴则不难看出，电视的军事化再次展示了"飞入未知领域"的现代技术超越升级，它在我们的主要城市聚居区内发挥作用。事实上，在《恐慌城市》一书中，技术超越升级的脚步"永无止歇"。军事化了的电视除了名字以外，其他地方和交战地带并无二致，它不仅帮助恐惧控制了恐慌城市，而且比任何关于大都市混乱状态的假说都更鲜明地指出城市始终是20世纪和21世纪最大的灾难。根据维利里奥的观点，恐慌城市的标志就是当前作为"进步"失败之地的大都市。他在书中强调了恐惧元素的作用和不断强化的恐怖主义影像，并指出，这"是真正的'事故博物馆'，就是这种以自我为中心的巨型都市、终极人类的中心地带"（p.90）。恐怖暴行适于电视直播的特性逐渐成型于"不再有具体发生**场所的元城市**（METACITY）"，又在军事化电视的感召力量的影响下不断地得到加强，同时，恐惧与战争逻辑控制着恐慌城市，它"如今也不再像曾经的国家首都那样有着完全地理意义上的场所"。

恐慌城市不仅与战争和城市恐惧有关,在维利里奥的描述中,它尤其还与技术假体一再重复的状态相关联,在这样的状态下,"**影像循环已成为当代各种灾难的标记**"(p.85)。在恐慌城市中,时时刻刻都充满着对于恐怖主义影像的诱惑性力量的不懈强调,形成了技术假体型影像的循环流动,在这里,"骇人影像的循环在观众中产生被围困的心理状态,加速了城市-世界环线上卫星的不停运转"。因此维利里奥的恐慌城市概念揭示了一个"强烈精神错乱"的场所,在这里,军事化电视包围并影响着所有全球化时代的人们,对于恐怖主义影像感召权威的持续加强变成了恐惧。此外,他断言,这些恐慌城市远远要比我们最初想象的更为普遍。在《事件景观》一书的描述中,当大众传播工具将其军事化的逻辑、价值观强加于我们,更为重要的是,将它们的"标志性特征强加于我们",与我们"争夺确定何谓恐怖主义行为"的权力并阻止我们保持自己的情感和自主认识恐惧的方式,便是恐慌城市出现的时候。我们唯一意识到的,就是自从 2001 年 9 月 11 日以来,军事化电视已经囚禁了我们所有的情感与恐惧。

恐慌城市是维利里奥在这一著作中的媒介事件研究和技术假体哲学研究的起点,他认为,媒介理论的目的必须是努力以批判性方式"嗅出积累中的危险",因为观众如今已是经常性地受制于"单一影像的集体幻觉,循环放映恐怖主义全景的视觉剧场的影响"(p.86)。为了深入考察恐慌城市对媒介理论的影响,他提出了比《消失美学》和《事件景观》中使用的基于技术假体的理论更为复杂、更为有力的媒介技术理论;我把这一新的理论称为电视的工具性影像循环。

电视的工具性影像循环，戏剧化军事主义及视觉分神话语

维利里奥把技术假体重新理解为电视的工具性影像循环，这一做法有可能是为了避免在他过去著作中可能产生的两种误解。第一，技术假体的概念意味着观众仅仅受制于"本雅明（Walter Benjamin,1968:217-251）所说的刻板印象的复制"（1005b:86）；第二，"技术假体"的概念是模糊的，它既可以指不同形式的恐怖主义，如恐怖主义的新旧时代，也可以指这些不同时代的恐怖主义如何被放到一起构成了和"9·11"等诸多媒介事件的影像的机械或数字式复制定型相关联的各种话语。维利里奥对电视的工具性影像循环理论的运用解决了这些难题，说明维利里奥如何做到这一点有助于解释我所说的"电视的工具性影像循环"的含义。

最初，维利里奥从技术假体概念转向电视的工具性影像循环概念，是为了挑战几个世纪以来"旧的表征对偶像崇拜的破坏"和"真实空间中的"表征根植于观者心中的先入之见：存在着"绘画"影像和"雕塑影像"，而画家、电影导演等则利用旧的偶像崇拜破坏为他们自己的象征目的服务（ibid.）。

然而，表征仅仅是在理论上研究打破偶像崇拜的方式之一，维利里奥认为电视的工具性影像循环是一个更直接的切入点，因为"**实时表征**对偶像崇拜的破坏远远超

过了绘画或雕塑这些在**实际空间中的表征**对偶像崇拜的破坏"(ibid.)。"呈现"的对象和内容必须被界定或示范,越来越多地是通过电视的工具性影像循环来实现,无论是对阿富汗巴米扬大佛的毁坏,还是对巴格达的伊拉克国家博物馆的洗劫,莫如是。

电视的工具性影像循环不仅是对偶像崇拜的打破(虽然它也可以做到这一点),它还是任何一个"真正**影像循环**的恐慌症状"的实例(ibid.)。因此,它可以是"9·11"的循环影像,或者启动 2003 年盟军对伊拉克战争的"震慑行动"及其全球电视转播,还可以是自杀式炸弹、以色列对加沙的军事打击或原子弹爆炸时的蘑菇云的循环影像,或任何一种全球电视网呈现的影像循环。维利里奥认为,我们正在经历一种包含了电视的工具性影像循环的变异:它意味着,如今有一种**"围困感下的精神错乱"**(seige psychosis)正在折磨着我们的心理。电视的工具性影像循环引起的恐慌症状"是时间意义上**排斥**替代影像的第一个典型标志";根据维利里奥的观点,提供电视的工具性影像循环的全球电视网在对其观众进行一种"实验",因此电视的工具性影像循环呈现出一种"全球化的真人测试"(life-size test of globalization),一种与控制论计划和"政治哥特式"(political gothic)①相关联的影像循环(pp.86-87)。这些恐怖时刻是"公众恐惧管理"的基本组成部分,对公众恐惧的管理大约在 40 年前随着恐怖平衡的建立而开始,自 2001 年 9 月 11 日以来"重新投入

---

① 指表现出怪诞、神秘、野蛮的政治。

使用"(p.87)。换句话说,以"震慑行动"中的电视的工具性影像循环为例,全球电视网是"真正的多媒体'神奇展示'"的制作者,观众是其发送对象,全球化的真人测试就是"震慑行动",而控制论计划和政治哥特式则包含如下事实:全球化的真人测试乃是一大堆烟花戏法对群众的迷惑。每一个恐慌时刻都通过电视的工具性影像循环实时呈现,这形成了特定的公众恐惧管理结构。没有任何恐慌时刻先于电视的工具性影像循环或其根源而存在;相反,每一个都是在电视的工具性影像循环发生的瞬间形成的。从维利里奥的观点来看,观众被全球电视网的巨大的"大众传播性武器"工厂所利用和滥用,而全球化的真人测试的形成乃是电视的工具性影像循环、控制论计划和政治哥特式三者关系的结果。

维利里奥观点的核心部分,是电视的工具性影像循环如何与单一影像造成的集体幻觉相关联的?他认为,最为关键的一点就是要把单一影像造成的集体幻觉,与电视的工具性影像循环放在一起来思考:他关于这"一连串戏法"的观点集中在它们与电视的工具性影像循环相关的突变(p.88)。在这方面,他认真思考了美国及其"在伊拉克沙漠地带的疯狂冒险"的借口,因为对他而言,关于任何给定的电视的工具性影像循环,要想提出自己的观点只有考察其自身的意图,否则别无他法。例如,"对巴格达的军事打击"最后"以摧毁在法杜斯广场的萨达姆·侯赛因雕像而告终",维利里奥讨论了其在全球直播中的电视的工具性影像循环,并指出,"它通过电视循环直播呈献在全世界电视观众眼前,而同时,在画面之外,更为小心翼翼、不为人知地,清理苏美尔人奇迹的麻袋正在装车①"。每一种与单一图像的集体幻觉的联系反映了非常相似的事情:"对施加于萨达姆·侯赛因雕像的'斩首行动'"的"赞同",对包围首都城市(全球直播对巴格达的军事打击)的控制论计划或政治哥特式是否明智缺乏争论,对于全球化的真人测试(是巴格达的"重建"而非萨达姆雕像的毁坏)的国际"认同",甚或是全球化的真人测试从萨达姆雕像的摧毁到其他——或许数量众多但其实是相同的——全球电视网的工具性影像循环的转变,充其量也不过是舞台布景的安装。因此存在着与单一影像的集体幻觉的联系,而联结控制论计划与政治哥特式的类似方式对影像的使用也极为相似。

在思考单一影像的集体幻觉如何与电视的工具性影像循环相关联的问题时,维利里奥还解决了另一个与技术假体的模糊性相关的问题,"技术假体"这一范畴过于宽泛而模糊,它可以指称各种不同类型的技术假体及其与新旧恐怖主义时代的关系,也可以指更为广义的视觉话语,例如,美国人推倒了巴格达法杜斯广场上的萨达姆·侯赛因的雕像,那里,"在无数次的大喇叭召集下,有数百名"伊拉克人,"'刚好可以满足电视画面的需要'"(Sitz,引自第89页)。维利里奥区分了伊曼纽尔·托德(Emmanuel Todd,引自第88页)所说的"戏剧性军事主义"和我所说的"视觉分神话语",前者指的是军事行动中的欺骗,而后者则是指电视与军事指导下的传播组织。表面上不同但实际上形式

---

① 此处指2003年伊拉克战争中被毁坏的伊拉克国家博物馆中的古代文物。

极为相似的戏剧性军事主义,包括新旧恐怖主义时代,都以相似的方式把各种恐慌时刻联系起来,而正是这些恐慌时刻构成了公众恐惧管理中的关键要素。相似的戏剧性军事主义因此呈现出一系列在恐慌和恐惧时刻之间的关系,这些关系类似于那些电视的工具性影像循环中的标志性恐慌与恐惧。例如,全球电视网与其观众之间的关系,就类似于戏剧公司负责搭建舞台布景的工作人员之间的关系;或者,控制论计划、政治哥特式,以及全球化的真人测试之间的关系就类似萨达姆·侯赛因的雕像倒塌后所发生的事情:

>"(巴格达的)巴勒斯坦酒店变成了一个剧院,从阳台上,你可以看到特意为我们搭建的场景,法国电视 3 台的卡罗琳·塞茨(Caroline Sitz)这样解释。她的结论是:'无论发生了什么,你其实从来也没有看到巴格达的战争画面。'"(Sitz,引自第 89 页)

维利里奥指出,电视的工具性影像循环是戏剧化军事主义的类似产品,可以从一个军事行动的剧场转移到另一个军事行动的剧场(p.89),这是对《事件景观》中恐怖主义变异观点的一个更为准确的叙述:每一个戏剧性军事主义时刻形成了看上去不同,实则极为相似的电视的工具性影像循环,因此,一个戏剧性军事主义时刻中的各种电视的工具性影像循环不可能是不同的,即使它们发生在另外一个军事行动剧场中也是如此。

视觉分神话语和戏剧化军事主义相似,它们是安排我们的注意力从"反恐战争"转移到伊拉克战争的方式。维利里奥指出"分神正是最为恰当的词语",与其说它描述了单一影像的集体化幻觉的逻辑或电视的工具性影像循环,不如说是描述了那种特别的戏剧化军事主义,"美国在趾高气扬厚颜无耻地自吹自擂,而世界在沉默中崩溃"(p.105)。换言之,派遣佛罗里达的预备役部队前往伊拉克的"无耻咆哮"等特定的视觉分神话语使用了电视的工具性影像循环,它所采取的戏剧化军事主义形式要实现一个特定目的:在巴格达建立"秩序"。这样的视觉分神话语与戏剧性军事主义用类似的方式使用电视的工具性影像循环,它们的目的也很相似,即转移注意力,不去关注某些事实,例如:"'法律对国内和平的保障并不比(联合国等)国际组织对国家间和平状态的保障更强"。在判断单一影像的集体化幻觉和电视的工具性影像循环的特定使用方式的价值方面,相似的视觉分神话语有着相似的标准,每一种视觉分神话语都会抑制某些集体性影像。例如,在派遣佛罗里达的预备役部队前往伊拉克的"无耻咆哮"中,事实上,这支部队"在伊拉克首都的郊区似乎和在美国的贫民区一样放松"。但是,军方并不认为如此看待这一集体影像及其电视的工具性影像循环是"正当的",因为这样做会立刻把人们拉出"无耻咆哮"这一视觉分神话语,并且开始质疑美国的平民,质疑他们的反复掠夺和习惯性暴力行为。视觉分神话语因而是一种让特定类型的集体化幻觉和单一影像合法化的方式,它也是一种组织电视的工具性影像循环的方式,让电视的工具性影像循环成为"把注意力从此处明显存在的混乱引开的一种**分神**、一场演出"(p. 108)。

因此,电视的工具性影像循环实际承载的视觉信息远远多于它所显示的内容:通过联结恐慌时刻,通过适应戏剧化军事主义,以及通过用视觉分神话语完成某个目的,它开创了一个情感同步的世界。

维利里奥认为,电视的工具性影像循环乃是幻觉的时刻,是"在(我们的)怀疑目光下演出的"剧目:"是当代大众传媒不惜代价必须实现的远程目标"(2007a:20)。此外,对维利里奥而言,由于全球电视网对于单一影像产生的集体化幻觉的需要以及对于电视的工具性影像循环的需要,电视的工具性影像循环如何保持被他称为"情感同步"(p.21)的集体性"和谐"的问题,始终与对媒介事件的严格审查相关联。这也是他在《原初事故》一书中考察媒介事件所采用的方法。

电视的工具性影像循环、媒介事件与情感同步

维利里奥认为,媒介事件并不仅是诸多视觉分神话语中的一种。相反,全球电视网关于如何制造单一影像的集体化幻觉和电视的工具性影像循环的每一个决定都产生并包含着媒介事件。这些选择发生于始终存在着的各种视觉分神话语的范围之内,并因此与单一影像的集体化幻觉及其目标一起和特定视觉分神话语的逻辑紧密相连。维利里奥指出,自从 2001 年 9 月 11 日以来,由于"媒体关于暴力行为的报道到处扩散"(2007a:20),视觉

分神话语一直将其集体化幻觉和单一影像的模式通过电视的工具性影像循环强加于我们的感知。这种暴力就是恐慌城市,因为分神话语和"性质各异的重罪的积累,一点一点地让人们感到所有的保护都和世贸大厦同时坍塌了"。每一次特定的集体幻觉被制作成单一影像,所有其他潜在的集体化影像,那些全球电视网运作下的视觉分神话语所不支持的影像,都被无情地压制了。尽管总会有许多潜在的集体化影像和许多种反应的可能,但实际发生的并且越来越多地发生的唯有单一影像的幻觉。这使得每一个集体幻觉和每一个单一影像扭曲为一种"戏剧性展现",它"在电视观众中间制造出一种并行的恐惧,一种立体的焦虑",视觉分神话语以之升级人们对于"公共安全"的担心,"对带来'视听'不安全感的影像的恐惧进一步加强了此类担心,导致了对国内恐惧的突然强调,其目的在于强化集体性痛苦。"这种警报、公众焦虑、恐怖、恐慌、痛苦并非没有后果。一旦决定诉诸此种"缺席人群的无声呼喊",全球化的并且日益军事化的电视网必须精确选择一个电视的工具性影像循环,用以击退所有其他潜在的"民间的"集体影像,并令其观众"全部在同一时刻坐在屏幕前凝视灾难,呆若木鸡"(ibid.)。

这一戏剧性的展现,并行的恐惧,或立体焦虑,与电视的工具性影像循环和单一影像的集体化幻觉相关联,构成了理解恐慌城市中媒介事件的起点。事实上,随着电视的工具性影像循环出现的正是媒介事件这一概念:

> 对于事件、事故或袭击的突如其来的立体

视觉渲染,完全意味着新型悲剧的诞生,不仅是视听上的,而且是双眼并用的和立体声的,在其中,同步情感的实时视角导致了良知对我们亲眼目睹的这一"显著的恐怖主义"的顺服,进一步加强了媒介的权威。(Virilio,2007a:21)

每一个单一影像的集体化幻觉都是一次媒介事件,因为它的基础是全球电视网使用某一灾难或城市袭击案的单一影像的集体化幻觉的决定。在每一个单一影像的集体化幻觉中,其他所有集体影像在视听上的可能性都被排斥或压制,而不是以双眼并用、立体声和同步情感的实时视角为基础的集体影像则不可能出现。

因此,在其最为重要的层面上,关于顺从的良知、恐怖主义、感知以及媒介事件的力量的问题普遍存在:所有大众或个人决定、行动、事变或媒介化文本,都与某种方式和媒介事件的权威相关联,因为它与恐慌城市密不可分。在很多情况下,对于此种媒介事件的投入可能显得无关紧要,但是在某些情况下,电视的单一工具性影像循环的后果可以通过灾难与暴行在世界范围内突然出现和消失从而引发生活与文化的改变。

根据维利里奥的观点(pp.20-21),媒介理论家的任务是揭示出现恐慌城市和某些事情被掩盖的各种不确定的时刻,并发现当前不可见但却被强加于所有人的东西:面对令我们完全着迷的、无止境重复的恐惧影像,我们的责任包含了揭示恐慌城市的存在本身,并宣布就是在这里,在电视的工具性影像循环的时代,"在单个人的威胁与每个人对所有人的战争之间,未来已被决定"。这不是一个"民主必须像孤独的独裁者所做的那样保护自己不陷入停滞"的问题,也不仅仅是一个恐慌城市的问题,在全球化时代,这一恐慌城市依赖于以实时通信为基础,其逻辑适用于如今的公众屏幕的视觉分神话语——决定着"人民的行动"视觉分神话语(p.19)。相反,我们的责任包含着断言或宣布在恐慌城市的现实中存在的一连串枯燥冗长的影像,它们构成了一种"礼拜仪式,循环重播的灾难和剧变在其中扮演的角色要么是某种解救神(deus ex machina①),要么是宣布恐怖到来并因此谴责人类命运的可憎的先知",除此之外,我们的责任还包含着寻求新的语言来帮助我们躲避电视的工具性影像循环的独裁。他指出,这就是技术艺术批评家的作用:抵消电视,抵消"上亿人在同一时刻"观看"同一事件"、抵消各种媒介事件的是另一种恐慌城市的出现,"它所包含的戏剧性表演,一如我们不久前在剧场里看到的一样"(pp.19-20)。

结　论

维利里奥首先是一位媒介事件理论家,这一点影响

---

① deus ex machina 为拉丁语,有时也译作舞台机关送神、机械降神、机器神等,来自希腊语。在古希腊戏剧,当剧情陷入胶着,困境难以解决时,利用起重机或起升机的机关,将扮演神的演员送到舞台上,这一突然出现的拥有强大力量的神将难题解决,令故事得以收场。这种表演手法是人为的,制造出乎意料的剧情大逆转。

第四章　恐慌城市：电视的工具性影像循环与媒介事件

着他对城市、恐慌和电视的阐释。《事件景观》一书探讨了根据"飞向未知领域"的现代技术超越升级对电视进行理论研究的可能，他关于恐怖主义变异的观点认为，根据那些强调"毁灭性武器"和"阻碍性武器"的传统优势的概念做出事件景观方面的选择，这是危险的做法。他给出了另外一种关于事件景观的视角，从对技术假体的作用和后冷战时期国际秩序的现实的理解出发，来看待事件景观。对职业军事阶级与恐怖主义的理想的美化日益主导了我们的技术假体，并消除了其他的、"民间的"电视化感知，这时候，电视的军事化便成为现实。

《恐慌城市》与《原初事故》是维利里奥的两部主要著作，他在其中提出了更为全面的技术假体理论，其基础就是我所说的电视的工具性影像循环。在这些著作中，研究的焦点问题逐渐变成电视的工具性影像循环如何与单一影像的集体化幻觉相关联，以及各种越来越相似的集体影像可能产生的后果是什么。在维利里奥的论述中，电视的工具性影像循环分为戏剧性军事主义（如萨达姆·侯赛因的雕像的倒塌）和视觉分神话语（如"派遣佛罗里达的预备役部队前往伊拉克"的"无耻咆哮"），它们产生出整套原则把单个影像的幻觉和电视的工具性影像循环的幻觉组织成军事化和电视化的分神。全球电视网选择支持各种越来越相似的电视的工具性影像循环，并阻止我们接近的各种替代可能，这时候，媒介对暴力攻击行为的呈现及其在视觉分神话语基础上的增长，也就构成了媒介事件相关决定的空间。维利里奥认为，每一次电视的工具性影像循环和单一影像的集体化幻觉相关联，都包含着理解恐慌城市中媒介事件的基础。维利奥把恐慌城市中的各种同步情感描述为良知向恐怖主义屈服的时刻,它放弃了摆脱电视的工具性影像循环的专制统治的可能,并指出,正是在各种恐慌城市当中,对电视这种技术艺术的批判才必须开始。

第五章 技术艺术批评家的工作：事故博物馆

引 言

最后这一章将探讨消失美学的含义，它把前面关于《消失美学》一书及维利里奥的媒介概念的各种讨论集中起来，并将介绍维利里奥所鼓励的那种对当代技术艺术的批判性回应。

前面四章在结尾部分都指出，维利里奥的媒介理论所给出的方法消解和干扰了那些试图给出"透明"或"积极"阐释的系统理论，无论这些理论涉及的是美学、电影、新媒体还是城市。维利里奥媒介理论的主要目的是让独特的影像、声音，以及新的思考、写作和行为方式通过这些干扰显现出来。通过呈现我们所见的世界及其消逝，失神症美学能够改变关于技术假体或影像世界的阈下描绘的既有写作方式，并能够加入与消失相关的技术-社会、未来主义和美学等方面的讨论。通过对战争和电影相关的理论研究，技术艺术批评家得以为后勤基础上的媒介理论和行动奠定新的基础，并使得那些易于消失的影像和声音能被看到和听到。新媒体研究能够发现那些

"飞入未知领域"和消失美学时代的现代技术超越升级的时刻；而在视觉技术、极惯性和事故方面，通往更具批判性的研究方法的道路已被打开。对于恐慌城市、电视和媒介事件的研究可以改变当代城市景观的理论研究的惯常方法，重新想象恐怖主义的领域，并且为戏剧化军事主义、视觉分神话语和情感同步方面的讨论做出贡献。在所有这些例子中，消失的美学时刻、感知后勤或事故的发生都有着媒介事件的身份。在恐慌城市中，如"9·11"这样的媒介事件是极难预料的，它的发生无法用传统的批判分析或视觉分析来化简，而是需要电视的工具性影像循环等方面的理解。

很显然，维利里奥在各种不同研究中的结论对于我们如何进行当代媒介化生活方面的理论研究有着深远的意义。然而，某些读者会感到一种令人厌烦的疑虑，仿佛还少了些什么。维利里奥揭示了打乱媒介话语的时刻与方法，并提出了对权威和现代技术超越升级的反对，但是他的著作却极少提及媒介理论或实践方面的议程来回应这些时刻。例如，既然我们已然发现了感知后勤的存在，我们应该怎么做呢？

维利里奥看上去似乎拒绝为应对媒介事件指明某种方向，或是拒绝确定一种可以引入媒介事件的研究方法，这种态度一直令他的批评者们感到不快。例如，奈吉尔·斯瑞福特（Nigel Thrift, 2011:145-157）就表达了他对于很难把维利里奥的媒介理论清晰鲜明地应用于社会科学研究的不满。"维利里奥在当前所做的是对于未来的不懈的否定"，他写道，"这对我来说不构成任何答案"。的确,对于斯瑞福特而言,维利里奥的"预言厄运的思维方式"显得"与左翼中普遍存在的、远比从前更为强调构建希望政治的趋势极不协调"(p.147)。斯瑞福特的困境在于:除了让批评家无法获得必要的能力以便产生关于"左翼"应如何占领未来的"希望政治",维利里奥对于"否定论"的集中关注似乎还排除了"答案"这一选项。斯瑞福特的结论是:"维利里奥这样的写作者"必须被"带回全部日常意义上的生活当中"(p.154)。他还提倡,我们应当承认保持日常生活的社会科学观的批判性过程所具有的重要性。斯瑞福特的分析及其为日常生活辩护的倾向针对的,不仅是维利里奥的所谓超然态度和通过社会科学学科从日常生活中的撤离:它们可能还适用于维利里奥关于消失美学的所有讨论。既然前面几章中提到的所有思考都以一个破坏性时刻结尾,那么问题出现了:然后呢?维利里奥建议我们应当怎样理解一个美学影像、解释一部电影作品、研究新媒体甚或抵制恐慌城市?我们应当利用消失美学、感知后勤、事故以及媒介事件这些概念达到什么目的?

这些都是极为必要的现实问题,然而最为重要的是,这些问题只是维利里奥部分地着手回答的问题,虽然他既没有给出绝对的或无可置疑的美学理论,也没有接受任何特定的技术信条,但他的确采用了特定的美学方法,即构建"事故博物馆"(Virilio,2003b:58-65;Virilio and Lotringer,2005:91-112;Virilio,2007a:23-30)的方法,只不过不存在"维利里奥式"的方法罢了:对于美学理论和各类媒介事件可能产生的问题,他并没有事先提供斯瑞福特所说的"答案"。事实上，从本书前几章的讨论来看，很明显，是不可能存在这样一种方法的：确立一种维利里奥式的方法将意味着否定维利里奥关于感知后勤、事故和媒介理论的最为重要的观察结果，这样的方法，用事故（accident）的词源来说，意味着预先假设"已经发生的事情"（参见 Virilio and Lotringer, 2005: 101）。换言之，它会在一个事故或媒介事件发生之前就阐明其重要性，并因此彻底消除这一事故或媒介事件发生转化的可能，而将其置入已知的内容和已然发生的事情之中。我们要想理解维利里奥，必须允许这种部分地拒绝事故、媒介事件和感知后勤方面的预先假设。如果我们想要培养其媒介理论的发展，我们就需要具备对于即时性和事故的意识，并关注事故或突发媒介事件对悠久文明造成干扰的时刻所揭示出的各种潜能。这同时也是恼人的，因为维利里奥仅为我们提供了一个不完整的（也是令人兴奋的）答案，也因为它迫使我们栖居在事故博物馆之下。

因此，本章将要讨论的是以下问题：维利里奥在其著作中构想的技术艺术批评家或媒介理论家的工作是什么？他的著作为其他美学的、技术的或批判性的研究与思考创造了怎样的空间与机会？本章首先总结了维利里奥在媒介理论方面的美学视角，分析了在他眼中当代艺术与技术研究的批判性方法与非批判性方法之间的区别，以及他对于当代艺术与技术研究的批判性方法作为批判性媒介思想的工具的认可。而后，本章将考察维利里奥关于批判性地分析艺术、技术和文化的重要性的研究，并考察他的事故批判。最后，本章将通过考察事故博物馆和他最近的著作《肉眼可见的艺术》(2007b)来讨论他的美学批判,通过对《博物馆之夜》的阐释(2007b:69-114)为他重新思考艺术博物馆和事故批判的方法提供例证。

媒介理论的美学视角:当代艺术与技术研究的批判性与非批判性方法

如前所述,美学对维利里奥有着巨大的影响。为了建立当代媒介、艺术和技术的理论研究工具,维利里奥反复回到美学概念,对这一概念的使用可以说远远超过其他概念。到目前为止,我们已经反思了显现与消失概念的美学区分、电影与战争等对于维利里奥的重要意义,以及他对感知后勤、新媒体、视觉、惯性、事故、城市、恐慌、电视及媒介事件的研究。然而,还有一个美学方面的观点在他创立媒介理论美学视角的过程当中起着更为重要的作用:当前艺术与技术研究的非批判性方法与批判性方法的区别。

正如本书引言提到的,当代艺术和技术的批判性视角是维利里奥在他与西尔维尔·罗特林奇(Sylvère Lotringer)合著的《纯粹战争》一书中提出的一个观点,用以澄清他对当前美学与技术体验的看法,但是这一观点的重要性远远不只是提出了媒介、艺术与技术方面的理论。如《纯粹战争》一书所言,当代艺术与技术的批判性研究方法把艺术与技术看作是"像几何中曲线的渐近线一样无限接近一切事物"(Virilio and Lotringer, 2008:

192)。这一公式不过是在说,在批判性视角下,流行的艺术与技术是一个轨迹,不断地接近我们称之为"现实"的一切事物的曲线,但实际上永远都不能相交,因为它常常会在到达之前先行崩溃。根据维利里奥的观点,无限接近一切,特别是新近的文化逻辑、技术原则以及美学传统,意味着我们必须用批判性的观念理解当代艺术与技术方面的感知,特别是与新的艺术与技术类型相关的感知。当然,对维利里奥而言,思考艺术与技术不仅要考虑后现代艺术与技术本身,更要从坚定的批判立场把它们当作无限接近一切的轨迹来考量,这一观念使维利里奥这样的媒介理论家得以辨认并揭示现实中的艺术与技术究竟为何。那么,要想认定一件特定艺术品是绘画,我们必须能够把关于这件艺术作品的感觉与"绘画"的概念联系起来。这一概念无限接近一切,因为它能够和我们遇到的各式各样的绘画相关联,无论它们之间有着怎样的艺术和技术上的差异。无论是肖像还是风景,油画还是壁画,木质框架还是金属框架,我们都必须能够把它纳入"绘画"的概念才能承认其地位。因此,分析当代艺术与技术的方法也就决定了何种美学和技术话语可以恰当地描述和理解艺术、技术以及其当前的状况。

当代艺术与技术研究的非批判性方法与批判性方法的区别来自媒介概念与艺术、技术体验发生关联的过程。对于后现代艺术与技术的非批判性视角是我们实际上或多或少一直接受的类型,每当有新的美学或技术体验进入我们当前的观念设置时,就会产生此类视角。这意味着当代艺术与技术的非批判性研究方法易于成为一种认同程序，因而我们对某事物的认可或认同源自我们把这一事物的美学或技术方面的体验和我们之前的观念相联结的能力。例如，我们能够认可或认同一种特定的通过无线电或其他方式，将有声视觉影像转化为电子信号，并发射在电子屏幕上显示的盒状技术系统，这是因为我们已经有了电视机的概念。我们可以无须思考就做到这一点：电视机自然而然地作为电视机出现在我们眼前。

与非批判性视角相对，批判性方法表达或包含了对一种新的艺术作品或一种独特或陌生技术的优缺点的分析，这种考察往往包含了细致的学术研究与评论，而我们则需要努力应对它们或它们所表达的内容。在特定表述的体验中，我们不得不找到某种方法与之产生共鸣或在观念上对其优缺点进行认真审查，在迷惑我们想象视野的当代艺术或技术的发展中，这种方法可能会用到。当然，维利里奥指出，在20世纪所有的美学与技术体验中，它一直都在发生，特别是在我们面对那些成为我们的文化噩梦的事件的挑战之时尤为如此，对这些事件，我们越来越熟悉，这是因为有了维利里奥关于竞相清除人类形式的艺术与技术的有力想象。对于这一特定形势，我们当前的观念准则似乎并无意义。因此，与其使用这些准则，不如批判性地考察当代艺术与技术，努力发现能够帮助我们理解先锋艺术等事物，并指导我们对其加以回应的那些环节。就维利里奥而言，我认为，他研究后现代技术与艺术的批判性方法不能仅仅被置于某个单一主题、技术领域或美学方法之中，而是澄清并以跨学科方式连接起所有这些主题、技术领域或美学方法。因此，没有预设前提并且批判性地反思先进艺术与技术始终是最为重要的一点。对维利里奥而言，研究当前艺术与技术的批判性方法的重要性越来越多地与人的美学话语紧密相连，与消失方面的"进步艺术"的批判性视角紧密相连，也与抽象技术与战争技术紧密相连。维利里奥（2003a：封底）认为，举例来说，研究目前艺术与技术的批判性方法必须联系从"德国表现主义者充满憎恨的被诅咒者肖像画"到"纳粹优生学家的'医学'实验"的形形色色的话语，或者一直到"追求耸人听闻效果的广告和全球恐怖主义组织的血肉模糊的信息"。所以，在21世纪，当技术终于"把艺术抛在身后，当遗传工程学家准备把自己变成最差劲的表现主义者时"，我们比任何时候都需要研究最前沿艺术与技术的批判性视角。任何关于后现代艺术宣言、人类基因组计划以及"作为新畸形生活形式的原材料的（当代）人类"的理解都必须通过研究当代艺术、技术和媒介理论的批判性方法才能产生。没有这样一种视角，我们将陷入21世纪艺术与媒介理论的逻辑与关系网中难以自拔，并同时沿着技术发展的轨迹被带入消失美学或"飞入未知领域"的现代技术超越的下一个阶段。

维利里奥在《艺术与恐惧》一书中关于"冷酷艺术"的阐释提供了一个方式，能够帮助我们具体区分当代艺术与技术研究的非批判性方法与批判性方法（2003a：27-65）。面对21世纪的冷酷，维利里奥意味深长地反思了"'当代艺术'[与技术]的冷酷本色"。他避免采用（到目前为止）世俗与宗教艺术的非批判性的区分方式而遵循了自己的轨迹。事实上，维利里奥制定出新的例子来说明"整个 20 世纪期间对人的形式与肉体的蔑视",因为"如今当人们争论当代艺术的重要性或严肃性,他们通常忘记了一个至关重要的问题:**当代艺术,没错,但是,与什么同时代呢?**"事实上,维利里奥在研究现代艺术与技术时采取了批判性方法,他质问:第二次世界大战的"纳粹恐怖"是否仍在后现代艺术与技术的"形式和形象"中运作着?在拾起这一研究当代艺术与技术的批判性方法时,他批判性地回应了"从奥斯维辛到切尔诺贝利,人类肉体和环境灭绝的普遍性"。在此,维利里奥试图寻找一种轨迹来清晰地言说我们当前凭空而来的去人性化、我们破碎了的伦理与美学关系,以及"我们对自身环境的感知"。很显然,这并非是容易的选择。在对工业现代性及其可能留下的艺术、技术遗产的批判之外,维利里奥动用了自己所有关于当前艺术与技术的批判才能;而这并不能保证会发掘出任何让斯瑞福特或其他艺术与技术批评家们能够接受的"答案"。他指出,在美学意义上,任何研究当代艺术的批判性方法都有义务面对技术与战争的轨迹,都必须从"伤口"的视角而非从"刀子""刺刀""**'掌握手术刀的艺术家'奥斯卡·柯克西卡**"(Oskar Kokoschka)"《狂飙》(*Der Sturm*)杂志的表现主义",以及 20 世纪 60 年代的"维也纳行为主义"等视角分析最新的艺术与技术。这是因为,对于后现代艺术世界中展现的艺术与技术采取非批判性视角意味着要禁止人们知晓"达达主义的创始人之一"理查德·胡森贝克(Richard Hülsenbeck)实际上是支持第一次世界大战的艺术家等事实,一种轻信的视角显然会迫使维利里奥接受一种非批判性的或"沉默的"角色而不再追究从前没有人提及的达达主义为战争背书的历史作用。

所以,当代艺术与技术研究的批判性方法在维利里奥的媒介理论中占据着首要地位。他指出,此种方法构成了媒介理论之美学视角的范式。媒介理论所要做的就是批判性地回应所发生的事件,以便努力发现当前行为的新逻辑与新方式。如前四章所示,艺术与美学乃是批判得以出现的重要场所。艺术的、美学的、技术的显现与消失有可能打破既有媒介理论话语,并因其以事件为基础的本质而对先前思考和理解媒介世界的诸多已被认可的方法提出挑战。然而,如果我们采用的是非批判性方法,仅仅是对艺术与技术进行无差别的评价,那么当代艺术与技术中费力的、令人吃惊的,并且可能是具有变革性的东西也就消失了。正如维利里奥所指出的那样,技术艺术批评家必须能够以批判的方法研究当代艺术与技术,并善于接受它们作为我所说的"轨迹性事件"(trajective events)的地位。

艺术、技术与文化:维利里奥的事故批判

维利里奥之所以转向对艺术研究的批判性方法的研究,主要源于他对当代技术与文化结构的研究和他对现代技术超越的批判。他认为,技术艺术的媒介理论家或批评家本人不能把自己置身于艺术、技术与文化的困境之外。没有人能够用"上帝之眼"来审视这些困境,或是用中性的术语,从极其准确的后现代视角,来描述艺术、技术与文化话语,并将其他所有媒介文本、美学语境以及

轨迹性技术与文化事件系统化为宏大的哲学架构。每一群人或每一个"大众化的"个体都作为"技术文化"的一个组成部分而存在（Shaw，2008），其主导性的艺术、技术和文化话语形成了我们观察自己文明的方式。这也是为何艺术、技术和文化并非是附加在一个既定大众化个体之上的表述或物体，而是影响我们并使我们成为大众化个体的东西。此外，无论对于当前的后现代艺术、技术和文化，还是很久以前的艺术、技术和文化，这都是准确的描述。在最近题为"谨慎"的一章里，维利里奥认为21世纪技术文化时代中的艺术描述是一种"促进艺术虐待、美学自残自杀"的努力（2007a：8）。大众化的个体的形成源自他们相互间如何理解艺术当中那些至关重要的时刻，如对美学痛苦的鼓励。大众化个体并非有意采取这种共有的审美意识，相反，是此类美学知识决定着我们自我想象的精神，并提供他们与自我毁灭相交的基本结构，这就是维利里奥对于21世纪的艺术与技术文化的刻画。所以说，当代艺术、技术、文化并不是对完美平衡的技术文化关系的（引起或值得同情意义上的）"可悲"发现或解释，也并非仅仅作为大众化个体经验的补充而存在，或仅仅解释人们如何不加批判地区分世俗艺术与神圣艺术等问题。维利里奥提出的是另一种观点：当前的艺术、技术、文化是一种联结方式，事实恰恰是，无论我们是否把它们看作或正式承认它们在支持美国艺术家乔伊·加内特称为创意苦难的"末世崇高"，它们都会发生（Armitage and Garnett，2011：59-78），并被转变为艺术毁容和自我毁灭等艺术形式的逻辑。

对于艺术、技术、文化的这一洞见贯穿于维利里奥的所有著作中,并在他对于传统的技术系统化类型的反思当中有着最为明晰的阐释,对此我们在第一章有过介绍。在维利里奥对第一位女性——夏娃的论述中,我们相对更容易理解夏娃对后来"技术媒介"成就的预见如何产生了她所扮演的技术文化角色或"后勤角色",在其中夏娃及后来者对技术、性别特征及诱惑关系的态度与她的配偶亚当在这些方面的态度相关联。女性的出现与撒旦相关联,撒旦在《圣经》中化身为她的引诱者,她的存在中重要轨迹性事件都与对男性的引诱相关。从这一点来看,夏娃启动人类繁衍循环与技术循环这一行为建构出了集体文化,在这一集体文化之中,她的角色得以成长。

然而,在事故频发的当代文明中,技术文化中后勤角色的概念有着更大的挑战性。在"谨慎"一章中,维利里奥指出,当艺术、技术与文化屈从于"灾难事件的逐渐扩散",这种扩散"不仅影响着当前现实,而且使子孙后代产生焦虑和痛苦"(2007a:3),而在此过程中,我们也逐渐在加速。事故是技术灾难与机器剧变向人类个体性和日常生活领域内的缓慢推进,在前几章对《消失美学》《战争与电影》《视觉机器》《恐慌城市》的考察中我们应当可以辨认出这种构想。在所有这些文本中,维利里奥探索和质询了事故用以联结艺术、技术和文化的方法,他找出了我们的经验在当代发生的变化的后果,在这一变化过程中,大众化个体的生存被贬低为仅仅是后现代系统的一个特征,而这个系统的唯一目的就是最大限度地"对20世纪进步的宣传"(Virilio and Armitage,2009:107)。他写作的目的以及他集中关注**"已然发生之事"**和时间加速的根本原因就是要对抗习俗、道德、艺术、政治和国家意识全都要用速度来衡量的堕落。

美学批判：事故博物馆

在题为《原初事故》的重要著作中，维利里奥考察了技术艺术批评家如何利用"意外事件的威胁"（2007a:3）来反对艺术与文化被降为当代文明中瞬时技术的计算过程。

维利里奥指出，事故与速度可以被理解成或描述为明显的后现代特征，其中速度始终先于事故。相应地，对维利里奥而言，速度通常包含于事故当中。这一观点与他在《极惯性》中对传输事故与速度之间关联的细致考察相似，对此我们在第三章进行了介绍。维利里奥把二者合并起来一同视为独特的当代特征，把它们描绘为与现有文明相对立的东西。在《原初事故》中，他把两个特征统一起来的过程集中在它们如何与轨迹性事件的时间性相关联，而他之所以能够考察与时间的有界性和轨迹性事件的这种关联，是因为他通过"敞开首个事故博物馆的大门"，通过承担其"对子孙后代的根本责任"而拒绝了"面对汹涌而来的意外事件和灾难性事件的无力感"（pp.4-7）。

在《原初事故》的关键两章"谨慎"与"事故博物馆"中，维利里奥阐明了每一章题目中的概念在他的媒介理论与实践中所处的位置。他在不可预知的、灾难性的轨迹性事件的威胁下仍保持着对无助感的拒绝,这源自他试图颠覆将我们置于事故影响之下的习惯性倾向的努力(p.4)。因此,以"谨慎"一章为例可以看出,他在寻求"建立一种新的博物馆学或博物馆志:从最平淡到最悲惨,从自然灾害到工业与科技灾难……它终于能够向我们展示事故的发生。"关于技术艺术批评家的任务,维利里奥的观点是他们必须能够拒绝他们自己和我们对突发的、毁灭性的轨迹性事件的屈从,并在此基础上开放首个事故博物馆。他认为,之所以要开放事故博物馆,是因为已经是时候建立一个"博物馆,来展示突发之事,展示由灾难、工业或其他方面的不幸事件构成的科学与技术的'间接产物'"。他宣称,技术科学导致了最具灾难性的事故,如今我们迫切需要扭转那种将我们暴露于这些事故的影响之下的倾向。因此,维利里奥坚持认为当前的体验揭示的是我们必须"强力启动"的一种"研究方法,它包含着暴露——展示——事故这一现代进步的主要谜团"。在此基础上,他提出了"对子孙后代的根本责任"这一概念。那么,技术艺术批判并非仅仅把事故当作是现代日常生活的一个"正常"部分而简单接受,相反,尽管轨迹性事件有着令人迷惑的和灾难性的外表,技术艺术批判仍然包含了放弃我们的无防备状态,进而"暴露事故的存在及其工业化和后工业化的复发频率"。"这一点",他断言道,是"他在卡地亚当代艺术基金会的展览(2003b)及其公开宣称的目的"之"全部意义所在"。在承担起对子孙后代的根本责任方面,维利里奥主张排练未来的事故博物馆,如他在"谨慎"一章中所主张的,这意味着所有展出,以及

第五章 技术艺术批评家的工作:事故博物馆

他自己未来的批判性工作,都"首先致力于采取一种反对的立场,它针对的是伦理与美学地标的崩塌,那种我们如今作为受害者而非行为者经常见到的意义的丧失"。

维利里奥在对技术事故与速度的美学批判中发展出他关于开放事故博物馆和承担起对子孙后代的根本责任的想法,他指出,事故批评者有义务开放事故博物馆,并用它"作为对比来应对主要媒介渠道令我们每日深陷其中的所有类型的暴行"(2007a:8),它可以说类似于一个"恐怖经历博物馆"。无论是媒介还是其他任何人似乎都不了解,其实今天的事故先于甚至伴随着更大的悲剧升级而发生。因此,从维利里奥关于开放事故博物馆的解释中,我们可以看到的是技术艺术批评家将属于轨迹性事件的事故带入阐释性话语当中,通过博物馆学研究,事故被暴露出来,并且与受到当代灾难惊吓的公众一道,其模糊表现及其产生的先前不为人知的痛苦也被仔细剖析。对于研究事故的当代媒介理论家或技术艺术批评家而言,这意味着被评价的轨迹性事件本身具有某种澄清功能而非一团糊涂。然而,在吸收轨迹性事件本身的话语时,维利里奥同时还坚持与任何形式的怨恨保留一种批判性距离。这种方法的一个例子是维利里奥对后现代文明的分析,他发现了不可预知事件方面的问题,并在暴露此类事件之后,声称他已发现并谴责了对于重大风险的漫不经心,在此基础上产生了事故展览及其宣言:向美学判断致敬。此外,如恐怖体验博物馆一样,维利里奥认为,通过揭露当前"情报"的严重缺陷,他让我们得以重新获得"预防性情报"。因此,维利里奥指出,事故的批判性研究之所以适合当前的形势，是因为通过发现当代文明对公众的恐怖威胁，它提出了一种应对日益具体化的文化困境的方法，并在此基础上推进了一种对未来的不同描述，不同于为了战争而武装和训练出来的反乌托邦未来。换言之，它假设了即将到来的"飞入未知领域"的现代技术超越的全面毁灭。

对维利里奥而言，速度批判应当专注于他自己提出的对子孙后代必须承担的责任。这一要求与开放首家事故博物馆有着一致的目的，可以被视为未来导向的批判性任务，并且因其不受意义丧失观的指导，从而直言反对道德与美学地标的倒塌。这样的要求意味着对于轨迹性事件的分析应当保持对意义的接受，而非已经被一开始就极度无意义的虚无主义常规话语（例如对美学判断或品位的贬损）所引领。因此，"受害者"的"无意义状态"从不在他的思考范围之内，因为轨迹性事件尚未从它的"行为者"的角度被阐明过。更准确地说，轨迹性事件引入了一系列有意义的观点与回应。因而，维利里奥认为，承担对子孙后代的根本责任与避免"整体性事故（integral accident）的全球特征"相关联，这种事故"能够通过连锁反应整合许许多多事故与灾难"（2007a: 24）。所以，速度批评者的任务不仅在于"澄清"整体性事故的轨迹性事件，而应更乐于关注事件的主要行为者（金融科学家、后现代技术人员、当代进步鼓吹者），并在"通过灾难实验室，即技术进步事故博物馆，建构、栖居、思考"的基础上"立刻"对其做出回应。维利里奥对这一过程的主要示例是"基因工程继核工程之后在当前所预示的所有知识中

第五章 技术艺术批评家的工作:事故博物馆

的事故,即全面的哲学事故"。

因此,在已然被基因工程、核工程以及现代技术超越话语所控制的文化中,技术艺术批评家的工作就是揭示轨迹性事件的内在趋势。例如,对于"超音速民航客机的发明"的各种相关话语所掩盖的"坠机事件"而言,技术艺术批评家的任务是把二者都揭露出来进行研究(p.5)。这种研究非常关键:批评的工作是要暴露轨迹性事件产生的震惊,而同时并不通过传统技术科学知识角度的描述来隐瞒核泄漏等的可能。就这一点而言,作为技术艺术批评家,我们承担对子孙后代的根本责任的努力必须专注于事故和我们自己的未来导向的批判性工作。因为不管诸如"科学革命"或"意识形态解放"等表面上无可指责的、"进步的"观念造成了怎样的危害,对于轨迹性事件的无意义状态,并不存在简单快捷的解决办法,诚实是更好的选择(p.25)。维利里奥通过对进步、广播、电影新闻片,尤其是电视带来的混乱的关注,总结了这一过程。因此,与承担对子孙后代的根本责任的行为一样,事故博物馆象征着我们自己的未来导向的批判性工作。以速度批判的方式评价轨迹性事件,会让它们永远保留追加意义审视与反思的可能,而非任由其丧失了意义并因此升级"飞入未知领域"的现代技术超越。对事故博物馆的揭示看上去是一个无穷无尽的过程,这一过程在媒介批评中得到最好的演示。电影乃是"一组镜头滚动过时暴露自己的时间",它并不会因为我们观看电影这一事实而变成任何别的东西,也没有任何观看电视的行为能够摆脱电视跨越国界、无所不在的速度,或摆脱电视对我们眼前展开的历史的毁灭性影响。揭示事故博物馆总是会为在电视机这种事故博物馆之上的栖居和在感知世界中的栖居产生出额外的和多样的历史思想与感受。

每一种事故博物馆分析都有其独特的关注点、争议点和影响,并会因此释放电影和电视视觉文化方面非典型的而又有意义的观念的潜在可能性。电影和电视并没有清晰严格的含义,尽管这是技术艺术批评家一直渴望找到的东西。相反,电影和电视包含了大量的模拟意义、当前的数码意义、感知印象、节奏推断,以及引发时间性探询、电视视觉争论和瞬时方面观点的轨迹性事件。在启用各种承担对子孙后代的根本责任的方法的同时,事故博物馆话语让我们能够对任何电影视觉艺术或加速的电视影像加以阐释。因此,对维利里奥而言,考察事故博物馆话语及它和我们所处的文化,也就是揭示轨迹性事件、视听速度以及电视观众,并对他们都进行技术艺术批判。

《肉眼可见的艺术》:博物馆之夜

维利里奥近期的著作之一《肉眼可见的艺术》,是一个有用的例证,体现了他在自己的文本中如何应用文化与事故博物馆的概念及当代技术艺术的批判性方法,在这本书中,特别是"博物馆之夜"一章(2007b:69-114)中,他认真思考了艺术博物馆的命运。

"博物馆之夜"是对法国"为了吸引不再访问博物馆的公众"(p.75)而在 2005 年推出的"博物馆免费夜场"的

批判,维利里奥通过反思"开门""行动""争取新观众"以及创造"新反射行为"三者之间的互动审视了法国的政治与文化。当然,这不是那种典型的批判。如维利里奥所言,他对这里发生之事的评价,是对一个市场营销活动的思考。他所感兴趣的并非某文化部长宣布的内容,而是这一"行动"所象征的意义,因而批判的对象乃是"对进入法国博物馆藏品的当代或非当代艺术品内在品质的控制"方面的失败。维利里奥在他的批判中考察了法国政府在1999年的"博物馆之春"使访问人次增加了一百万后,又孤注一掷地推出的新奇事物。这是一种政治批判,更确切地说是维利里奥在访问人数直线下降之际感到不安时的一种调整干预。因此,维利里奥在"博物馆之夜"一章中,从事故博物馆的角度分析了法国700多座博物馆免费开放夜场所包含的警告信号、"突袭"以及轨迹性事件,这也是他在论述对子孙后代的根本责任时所支持的视角。

以此为出发点,维利里奥为我们勾勒出法国艺术博物馆夜场的轮廓,从它在巴黎的开幕,一直到

> 它吸引那些刚走出"夜店"的年轻或不那么年轻的人群的努力;在居斯塔·牟侯(Gustave Moreau)美术馆等场馆中,整个夜场都伴随着优雅的背景音乐,参观者可以随着莎乐美舞蹈的节奏兴奋不已。(2007b:76)

在维利里奥的分析中,这些变化已不仅仅是和艺术博物馆的夜场参观者有关:它们更是切入事故博物馆可

能面对的理论、文化、政治和城市等方面的各种多层面困境的方法,其中(或事故博物馆中)并未出现任何特定的艺术作品,更确切地说,维利里奥是在承担起对子孙后代的根本责任和对艺术博物馆的夜场参观者之轨迹性事件的根本责任。因为在维利里奥看来,博物馆的免费夜场产生出大量的伪"艺术爱好者",他们的存在联结起并质询与事故博物馆相关的各种话语。

因此,"博物馆之夜"这一章明确关注的是夜场参观者在维利里奥建立事故博物馆这一长远计划中的作用,通过讨论当代艺术、艺术品及其与21世纪夜场参观者思潮之间的关联,维利里奥承担起对子孙后代的根本责任(p.76)。此外,他之所以能够这么做,是因为他集中关注夜场参观者对事故博物馆及所见艺术品可能产生的影响,并对他们在美学和博物馆学方面的潜在干扰有所估量。他在一个重要部分中指出,"夜场开放"这一形式表明公众对日益私有化的艺术博物馆及其他神圣建筑物的疏远:

> 在厌恶了博物馆之后,还要多久我们就会看到对礼拜场所的厌恶?就会看到这些场所变成大众世俗文化的场所……(变成)艺术市场的超写实主义体现?看到艺术市场的副产品最终将艺术作品推到一边?(2007b:77)

这是维利里奥从自己的立场出发对公众脱离私有化的艺术博物馆的清晰概括,主教教堂和其他大小教堂将成为大众消费文化的场所,公众不应当接受当代艺术市场的超写实主义,也不应让自己卷入这一艺术市场的附带产品中("艺术"海报、明信片、DVD、像章、纪念笔等)。最后,公众必须防止这些衍生物把真正的艺术品逐出博物馆。例如,微软董事长比尔·盖茨,如今扮演了新霍华德·休斯的角色,他坐拥"6,000多平方米的住宅",在家中他"可以在任何时刻召集全世界博物馆内的藏品在装饰自己房间墙壁的多面屏幕上展示"(p.126)。如此一来,博物馆被重新设计,设计者不是公众或构成博物馆的艺术品,当然也不是子孙后代,而是那些真正的掠夺者,那些被维利里奥称为"主张视听管理"的人们,以及那些想要丢掉"天体和谐"(music of the spheres)①的人们。正是这一点让艺术博物馆当前的做法成为轨迹性事件,并为我们的分析提供了方向,促使我们去理解其美学方面的潜能,挑战一种噪音文化或话语中所隐含的、日常化了的思想和行为方式。这里没有为子孙后代提供任何实际上的或可能的"答案",但是它打破了当前不协调的做法:后现代艺术馆闹出的刺耳动静窒息了所有博物馆中起作用的"寂静之声"。因此,技术艺术批评家与媒介理论家的任务也就是要应对这种对"寂静之声"的抑制,用自己的方式对抗当前正在扼杀他们的存在本身的"警报之声"。

---

① 原指天体运动产生的,在地球上无法听到的完美和谐的音乐,如毕达哥拉斯等古典哲学家认为天体之间的距离符合琴弦之间的完美比例,因而天体之间的相对运动产生的音乐也具有完美的和谐特质。在维利里奥看来,博物馆中使用耳机解说等行为破坏了人们欣赏和思考艺术品时类似天体之音的和谐感与美感。

结　论

　　维利里奥关于艺术与技术的批判性著作颠覆了传统的美学与技术话语，出于对消失美学、感知后勤、事故以及我所说的轨迹性事件等诸多概念的集中关注，他并没有为媒介理论与实践提供一种方法或议程，而是建议技术艺术批评家去探查此类议程以及被它所压制的寂静之声。

　　因此，维利里奥的著作为媒介理论家研究博物馆和事故提供了无数可资利用的机会。这里的问题不是逃入比尔·盖茨似乎具有美学导向而本质上却是反乌托邦的电子奇观和计算机多屏显示器。与此相反，维利里奥认为，技术艺术批评家的任务在于进一步构建事故博物馆，创造"飞入未知领域"的技术超越话语得以被考察和某种其他的、新的东西得以显现的时刻。他在最近的著作中，就这些与博物馆夜场观众相关的过程提出了出色的，或许有些难解的阐释。

结　语

　　维利里奥的著作对媒介理论有着重要的影响。正如第一章提到的,他最有力度的作品《消失美学》成为哲学、电影研究、政治、新媒体研究、文化地理学等诸多领域内反思消失美学时代的标杆。在当代,任何对美学的介绍都至少要提及维利里奥的这一部或其他的媒介方面的著作,否则这一介绍便是不完整的。而在其他这些与媒介相关的著作中,有几部也吸引了更多的媒介理论专家读者,同样地,这些作品中的媒介理论也挑战了艺术、批判理论、技术与博物馆研究领域中各种已确立起来的方法。

　　然而,维利里奥对媒介理论有多大程度的影响,这是一个复杂的问题。我们在第五章中已经发现,维利里奥并未形成一套完整的批判方法可以用于阐释美学文本或电影事件。出于这个原因,其他人对维利里奥的著作的回应倾向于结合他的论断、把他的观点拿来应用在其他的媒介上,而不是探究其研究的广泛内涵。不过,目前在媒介理论领域内的"维利里奥者"越来越多了,因此我们当然可以宣称他提出的概念变得更为重要,他也更有名气,他的观点和论证方式越来越多地出现在各种各样的媒介理论家们对后现代文化的分析之中,其中也包括那些政治和理论立场与维利里奥相左的理论家。事实上,恰恰是那些反对维利里奥的媒介理论家们对他的著作常常会给出引人入胜的独特阐释,如第五章提到的文化地理学者奈吉尔·斯瑞福特就是例证之一。维利里奥对于亚里士多德、沃尔特·本雅明、吉尔·德勒兹、埃德蒙德·胡塞尔(Edmund Husserl)、马丁·海德格尔、莫里斯·梅洛-庞蒂和卡尔·波普尔等诸多西方大陆哲学的重要思想家的阐释正在被其他围绕这些思想家发展自己理论的知识分子所接受,并在他们所在的领域内继续作为至关重要的理论文本而存在。与此相似,维利里奥所发现、重新定向或详尽阐述的诸如消失美学、媒介事件和感知后勤等概念也经常会出现在他本人并非其考察焦点的媒介理论视域之中。尽管如此,在若干主要领域中,还是有人正在深入探究和发展维利里奥在媒介方面的理论,这些领域包括消失美学、电影、城市、技术、博物馆和事故。下面的内容将会涵盖这些领域,同时也会考察在这些领域内回应过维利里奥著作的技术艺术批评家们。

自从《消失美学》出版以来,媒介理论中对于消失美学时代的思考越来越多,维利里奥在这一领域有着巨大的影响。他把消失美学描述为"不可抗拒的技术超越规划与预期"(2009a),尽管这一解释偶尔也会被误读或歪曲,但却是对消失美学最有帮助的解释。和鲍德里亚(Baudrillard,2009)一样,技术艺术批评家们经常把维利里奥的媒介理论当作在美学和消失这两方面具有原创性的思想来引用。当然,这里需要重申第二章的观点,鲍德里亚对消失美学的解释非常不同,在他的启发下所产生的分析主题和研究目的也全然不同(可参见如Clarke, Doel, Merrin, and Smith, 2008)。鉴于维利里奥在媒介方面的著作所覆盖的范围和这些著作的独特性,我们很难把他精确地归入某一类特定的美学领域或是把他的影响限定在某一个特定的与消失相关的领域之内。尽管如此,我还是认为,当人们把消失美学视为理论问题之时,当人们以建设性的姿态挑战阐释媒介文化的既定方法之时,人们会把维利里奥指认为自己主要的灵感来源。

无数媒介理论家在自己的理论分析中使用过维利里奥的理论,就现代主义、媒介、技术、电影哲学这几个主题之下对维利里奥式的消失美学时间观的研究而言,与我们的讨论最为相关、也是最为重要的著作包含下面提到的几部。瑞安·毕肖普所著《现代先锋美学与当代军事技术》(*Modernist Avant-Garde Aesthetics and Contemporary Military Technology*, 2010:63)是关于消失美学、后现代文化以及广告的极为精彩的讨论,已被奉为研究消失美学时代的范例之一,其中对于维利里奥的评价也是极具创造力的。作者认为消失美学不单单是一个现代的先锋现象,通过展示从波音公司到具体的科曼奇直升机[①]等当代广告,考察了我们对美学和速度的感知与意识在当前

---

① 指波音公司研制的 RAH-66 武装直升机(RAH-66 Attack helicopter, 代号 Comanche),是美国研制的隐身侦查武装/攻击直升机,导航与目标瞄准系统能在夜间提供高清晰度战场红外图像,主要执行武装侦察、反坦克和空战等任务,被称为直升机中的 F-117。

时期所经历的变化,以及这些转变在我们对技术和意象的体验中产生的后果。除了《消失美学》,这些研究还援引了许多维利里奥的其他著作(且极富创造力),他们对消失美学的细致研究与维利里奥在《消失美学》中对历史和速度的话语的研究相似,可以放在一起来阅读。

对那些痴迷于感知和电影媒介的读者来说,弗里德里克·基特勒(Friedrich Kittler)的著作《光学媒介》(*Optical Media*,2010)提供了用维利里奥的著作来质疑惯常的战争分析的绝佳讨论。基特勒认为,战争这一概念必须从两个方面来理解:投在广岛的原子弹不仅标志着作为极具维利里奥意味的现代技术超越的核战争的开端,而且,基特勒通过探究表征、摄影用闪光、灭绝、战争计划、军事影像、防空洞来审视冲突,还引发了前人未曾尝试过的冲突研究。对于挑战战争研究的传统学术模式而言,维利里奥是一个重要的出发点,而基特勒对于《战争与电影:知觉的后勤学》的评价不仅帮助我们了解维利里奥在《信息炸弹》(*The Information Bomb*,2000d)中所表达的观点,而且也以有价值的方式展示了其著作中对于传统军事战略的反感。

在与文学批评和电影哲学相关的英文文献中,也有着各种研究在尝试发展维利里奥所提出的概念。在这方面最为成功的、并且也是对后现代技术、文学和媒介文化研究者们最有价值的理论家,当属英国批评家阿历克丝·古蒂(Alex Goody),她在《技术、文学与文化》(*Technology, Literature, and Culture*,2011)一书中分析了历史文献和文化中的大量视觉技术和现代军事行为,围绕消失美学的时代、媒介与军事技术的合而为一进行了研究,其中涉及了许多维利里奥的观点。古蒂并没有把维利里奥关于海湾战争等事件的著作当作自己的研究对象,而是专注于对19世纪以来文学和各类军事技术文化中的变化的研究(因此,和维利里奥相似,在古蒂的描述中,"技术是文化中具有生成性的力量,常常和军事紧密相连"),以便逐一考察技术与更广义的阐释及表征问题相关联之能力的物质性表现。古蒂的著作中一个极为重要的特点就是作者的思考涵盖了技术的社会含义、技术的政治,以及它们与当代技术艺术批评家们的关联。这些批评家试图修正和质疑目前从字面出发对技术含义的理解;在这个问题上,她完全接受维利里奥的媒介理论并使之成为自己批判立场的主要成分。电影哲学领域内对维利里奥著作的另一个重要分析来自荷兰的媒介理论家帕特里夏·皮斯特(Patricia Pister)的多面性文章《感知后勤 2.0:伊拉克战争电影中的多重银幕美学》(Logistics of Perception 2.0:Multiple Screen Aesthetics in Iraq War Films,2010),文章考察了维利里奥对于伊拉克战争相关的后现代电影理论的重要意义。

城市是维利里奥的媒介著作中另一个占据显著地位的主题。目前,越来越多的人开始关注城市与城市在媒介理论中的未来之间的关联,并且越来越多的关于后现代全球化世界中的城市生存的研究在考察现代城市的概念,其中很多借用了维利里奥在城市的文化政治方面的探索,特别是《事件景观》和《恐慌城市》中的研究,以帮助自己重新思考存在于当代媒介文化中的城市的边界。如我在第三、四、五章中所指出的那样,维利里奥的批判性新媒介理论通过他在视觉、惯性、事故、恐慌、电视的工具性影像循环、戏剧化的军事主义、视觉分神话语、媒介事件等方面的思想来提出城市问题。此外,视觉艺术的诸项技术之批判最近更多地被维利里奥本人和其他很多媒介理论家所采纳,对他们而言,这是一种方法,可以帮助我们完成两项无可推卸的任务:其一是对子孙后代的根本责任,其二是考察一般性动员及全副武装的恐怖分子的到来等相关事件如何影响我们认识 21 世纪城市生存的含义。

  对维利里奥在城市方面的最新思想的明晰介绍来自他本人所著的《瞬间之中的未来主义:停止—弹出》(*The Futurism of the Instant：Stop-Eject*,2010b:32-69)中题为"超级城市"(The Ultracity)的一章,在这一章里,维利里奥把对超级城市和当代文明中超大规模人群移动的理解和其他理论家的一系列研究关联起来,如"量化统治""散装货轮革命""用以获取瞬间利益全球化"的"各种即时配送系统①可能马上发生的变异"(pp.32-33)。雷内·吉农(Rene Guenon)在《现代世界的危机》(*The Crisis of the Modern World*)一书中关于"'运输革命'的力量"对人类生存的每一个方面的干预和"大量平民人口"的同时运动的主张可以帮助我们更好地理解地理移民的增长、政治流放和驱逐出境的行为,例如法国在袭击国内"非法

---

① 也称为零库存配送系统。

移民营"时对罗马尼亚和保加利亚罗姆人①的大规模驱逐（参见 Armitage,2010:18-19）。维利里奥对于吉农的评价眼光独到,而《瞬间之中的未来主义:停止—弹出》则推进了他的研究主题的形成和发展,吉农在媒介理论领域内的重要性与日俱增。

在我主编的《维利里奥在当下:当前维利里奥研究的各种视角》(*Virilio Now : Current Perspectives in Virilio Studies*,2011:158-176)一书中,有阿瑟·克罗克（Arthur Kroker）撰写的从多层面进行哲学探索式思考的文章。他提出的"维利里奥在当下的三个主题"颇具吸引力,他通过维利里奥的著作来理解城市、变革、奥巴马总统时期的美国三者之间的关联,文章论及维利里奥的媒介和政治理论,也包含了对维利里奥在仿真、骚乱、本雅明、眼睛、符号（来自《恐慌城市》）等方面的著作的极具洞察的分析。克罗克（2011:158）在这里展示给我们的是后现代媒体文化、历史和批评对维利里奥的城市意识的引入,他的城市意识也就是那种存在于在城市中的,把"我们生存于其中的这些黄昏时期"和城市的美学化消失或是和逐渐取而代之的无数信息、军事和媒体系统对立起来的东西。《巨型加速器》(*The Great Accelerator*,2012)是一部有价值的维利里奥论文集,它包含"历史的焦虑"（The Insecurity of History）和"对私人生活而言为时已晚"（Too Late for Private Life）两个部分,其中也涉及维

---

① 即人们通常所说的吉卜赛人,但大多数罗姆人认为"吉普赛人"这个称呼有歧视之意。

利里奥关于速度的媒介理论,这一论文集收集了维利里奥在这一领域内的最新文章并给出了明晰的分析。

在本书讨论过维利里奥关于技术、博物馆和事故等方面的研究后,我们需要明确的很重要的一点是他在这些主题领域内的写作仍在继续扩展。目前对于事故在技术、博物馆学、政治中的重要性有着越来越多的关注,其中维利里奥的相关著作起到巨大作用;技术在近期已成为批判性研究的至关重要的范畴,维利里奥关于技术在美学、电影、战争、新媒体、视觉、惯性、城市、电视、媒介事件、艺术、博物馆中的地位的理解成为那些深入研究后现代媒体文化中技术这一概念的政治、理论和现实效果的主要定向点。

香农·贝尔(Shannon Bell)的《速度女性主义》(*Fast Feminism*,2010)是女性主义研究者总结维利里奥影响后现代技术讨论的一部著作。书中详细介绍了维利里奥的技术速度概念如何引发了贝尔关于政治基础之上的新女性主义的分析;而贝尔对于表演和维利里奥哲学的研究也在维利里奥的理论、后结构主义以及"网络女性主义3.0"等方面产生了至关重要的进展。贝尔具有建设性的一面是她不仅把维利里奥的著作与当代速度哲学家和技术艺术的女性主义批评者们联系起来,而且还把维利里奥和当前其他关键理论、"酷儿"理论和"酷儿"政治联系起来,这使得我们得以感受到和占统治地位的技术价值观处于对立关系的各种后现代哲学趋向。

当代英国社会学家尼克·普瑞尔(Nick Prior)的重要论文《速度、节奏和时-空:博物馆与城市》(Speed, Rhythm and Time-Space: Museums and Cities,2011:

197-213)借用了维利里奥的著作,如《视觉机器》,也借用了亨利·列斐弗尔(Henri Lefebvre)的《节奏分析:空间、时间与日常生活》(*Rhythmanalysis: Space, Time, and Everyday Life*, 2004),来探究博物馆之于城市历史、现代性理论和速度理论的意义。他深刻分析了速度、时间、空间等艺术批判的走向,以及维利里奥对于博物馆学和城市化发展的重要意义。

近年来,维利里奥的技术艺术批判越来越多地强调事故的重要性,《灾难大学》(2010a:15)和《巨型加速器》(2012)是他在这一新兴领域内的主要著作,前者论述的是从20世纪至今"知识中的事故危险"的增加,在他的分析中,"近期发生的(事故),只不过是增强了整个生态环境中的事故内容,亚里士多德的第二条公理'完成是极限'在这一生态环境里体现出了重要的意义"。从"局部事故"到"整体性事故",维利里奥考察了不同事故概念中的政治,他认为,"当灾难成为体系",却还能够有办法去评价一个不再隔离的而是相互关联的灾难"生态系统"的时候,知识上的事故就会出现。《维利里奥在当下》中所收录的保罗·克罗斯维特的《金融事故》(The Accident of Finance, 2011:177-199)一文也考察了严肃认真地思考知识上的事故对于文学和媒体文化批评的重要性。尽管全球股市的金融失败(看上去)更加频繁地出现,然而对于解决世界各国人民的生活方式所面临的危险,克罗斯维特要比维利里奥乐观得多。不过他在文中还是认为,事故的作用在于提供了一种方法,可以帮助我们就后原子能时代的地球在架构、信息以及社会经济的组织体系方面提出问题进行讨论,而他全面审视关于事故的多重阐释时使用的方法非常接近维利里奥关于承担对子孙后代的不可推卸的责任的观点,这一点在第五章中已有论述。

技术艺术批评家们一次次地重新研读维利里奥的媒介理论以便帮助自己找到新的方法来把握后现代媒体文化所面对的复杂而紧迫的困境,在这一背景下,维利里奥的重要性持续上升。在他的著作被越来越多、越来越快地译为英文的过程中,他所探讨的问题变得更大,他在美学、媒介、新媒体、城市、技术艺术以及事故博物馆等方面的批判性研究在媒介理论领域内的影响也在扩大。我们尚无法确切地判断维利里奥的影响达到了何种程度,正如我们无法确切知道技术艺术批评家们对其多重目的下的媒介理论的应用会选择什么方向。尽管如此,我们可以确定,维利里奥的诸多理论所提出的问题对于我们理解当代媒介世界在可预见未来的走向,将有着持续的、至关重要的意义。

深入阅读指南

维利里奥的著作

《维利里奥论媒介》涉及的所有维利里奥的著作都有英文译本,大多数读者最初都是通过《消失美学》或《战争与电影》等文本接触到维利里奥在媒介方面的理论概念,要想了解他的技术艺术批判和媒介理论,这些是最好的著作,但并不是完全典型的。例如,《视觉机器》进一步发展了上述两部著作中提出的问题,而《极惯性》为理解维利里奥在《马达艺术》(The Art of the Motor)和《开放天空》(Open Sky)中的新媒体研究提供了路径。有些读者可能想要研究他先前与媒介无关的著作,如《速度与政治:速度学随笔》或《公众防卫与环保斗争》。这些著作都非常复杂,然而也引人入胜,并越来越成为理论研究的中心。也有读者还会被他最初发表在欧洲报刊上的摄影作品和短小的批评文章所吸引,它们被收录进了《地堡考古学》《欺骗策略》《事件景观》《信息炸弹》《沙漠屏幕》。在这些著作中,每一本都包含了与我们在本书中思考的那些与主题相关的研究内容。下面将要提供的是维利里奥的十本媒介方面的关键著作的详细信息。

《维利里奥论媒介》集中讨论了维利里奥在1980至2012年间出版的主要媒介相关著作,它们围绕着消失的概念展开,我们可以给它们贴上"美学"著作的标签。然而,他在这一时期还有其他重要著作,如《失去的维度》(*The Lost Dimension*)、《归零地》、《未知数量》以及《否定性视域》,由于篇幅所限无法在此处加以论述。尽管如此,诸如《艺术与恐惧》《恐慌城市》《原初事故》《肉眼可见的艺术》等主要著作都包括在了下面的介绍当中,并对它们的主题、重要性和可读性有所介绍。

在这一节当中,维利里奥的媒介相关著作按照其最早的出版时间排列,以便勾勒出其著作的出版历史。这里所列的所有著作最初都是用法文出版的,但具体出版信息来自它们的英译本。因此,文献中会包含两个时间,方括号中的第一个表示法文原版的出版时间,而第二个时间和所有详细信息都来自翻译版。

[**1980**](2009)《消失美学》,贝茨曼(P. Beitchman)译,纽约:符号文本出版社[Semiotext(e)]。

这是维利里奥第一部也是最重要的一部著作,作者在其中反思了消失美学的重要性,也反思了失神症的种类、人类意识与速度的状态,以及速度、主体性、缺席与电影,等等。

[**1984**](1989)《战争与电影:知觉的后勤学》,卡米勒(P. Camiller)译,伦敦:沃索出版社(Verso)。

这是维利里奥在相机与机枪同步化方面的主要著

作,该文本内容多样而极具启发性,包含了对飞机、战争、计算和电影技术的引人入胜的思考。

[1989](1994)《视觉机器》,罗斯(J. Rose)译,伦敦:英国电影学院(British Film Institute)。

《视觉机器》考察了感知技术、生产以及影像的发展与激增的历史。作为艺术史学家,维利里奥关注的焦点在于战争技术和城市规划,他的写作使用了《战争与电影》和《消失美学》中创造的概念,以便展示这一新的"影像后勤"对后现代媒介理论与文化提出的问题。

[1990](2000)《极惯性》,卡米勒(P.Camiller)译,伦敦:世哲出版社(Sage)。

该书批判性地分析了时间与空间的关系,场所、地域以及身体的"此时此地"如何被各种新技术重新组织,作为当代文化关键状态的惯性是本书的主要命题。

[1995](1997)《开放天空》,罗斯(J. Rose)译,伦敦:沃索出版社(Verso)。

这是一个重要的文本,我们在第三章有过介绍。最早以法文出版,比《马达艺术》(1993)晚两年。这部著作关乎时间、视角以及在消失美学的时代是否还有可能获得关于时间、视觉、直观性和生态等方面的真实观念。

[1997](2000)《事件景观》,罗斯(J. Rose)译,麻省剑桥:麻省理工学院出版社(The MIT Press)。

这是维利里奥影响广泛的一部著作,其内容是关于20世纪晚期的文化骚动。他在书中就技术战争和事件加速提出了极具智慧的观点,为后来的《恐慌城市》和《原初事故》等著作中提出的城市恐怖(urban terror)概念做了准备。

[**2000**](2003)《艺术与恐惧》,罗斯(J. Rose)译,伦敦:连续出版社(Continuum)。

该书源自维利里奥的两个讲座的内容,他在其中通过讨论"冷酷艺术"这一后现代现象对艺术、技术与大众传媒进行了批判。书中还包括了另一个讲座《审判中的沉默》,他在其中把自己与"音响化的影像和所有视听图符"区分开来(p.69)。

[**2004**](2005)《恐慌城市》,罗斯(J. Rose)译,牛津:博格出版社(Berg)。

在探究城市的过程中,维利里奥对恐慌和纽约、巴格达、北京等一系列极具多样性的城市中的惊惧与冲突案例进行了反思。该书也显示了与《极惯性》和《事件景观》相比,维利里奥著作中的快速转型。

[**2005**](2007)《原初事故》,罗斯(J. Rose)译,剑桥:政体出版社(Polity)。

这是维利里奥的一个论文集,它对2002—2003年维利里奥的艺术展(Ce qui arrive)引发的争论有着重要贡献。其中的文章为理解艺术展和《艺术与恐惧》之间的关联提供了线索,突出展示了他在事故、博物馆的发明、情感同步以及普遍加速等方面的思考。

[**2005**](2007)《肉眼可见的艺术》,罗斯(J. Rose)译,牛津:博格出版社(Berg)。

该书集中讨论维利里奥媒介理论中的重要哲学话题:事件、艺术、博物馆以及感知。以《消失美学》等文本中关于美学、看和政治方面的主张为基础,维利里奥在书中就新媒体艺术与技术、速度以及大众文化提出了他的质疑。

关于维利里奥的著作与访谈

《维利里奥论媒介》是对维利里奥的媒介相关著作的最为直接的批判性介绍,那些想要了解他写作的各个阶段或想要集中了解其访谈的读者则可以从下面按照作者姓名和发表日期排序的清单入手。鉴于维利里奥著作的争议性,评论者通常都会有自己明确的立场。一般来说,支持维利里奥的人们也会认同下面所列的大多数作者,而那些至少质疑他的部分主张的人们可能还会考虑《维利里奥在当下》中的亚当·沙尔(Adam Sharr)、爱琳·欧哈拉·斯拉维克(Elin O'Hara Slavick)和奈杰尔·斯瑞福特,并且至少是在与消失美学有关的时候,把《维利里奥在当下》中的肖恩·库比特(Sean Cubitt)也包括进去。下面的点评包含了所列文章的要点和难易程度。

J. 阿米蒂奇（编），2000，《保罗·维利里奥：从现代主义到超现代主义及其超越》，伦敦：世哲出版社（Sage）。

这一出色的论文集包含了对维利里奥的长篇访谈；其他文章的作者是来自英国、美国和澳大利亚的理论家，他们的研究对象是维利里奥的文化方面的著作，特别是《极惯性》、建筑、地堡、战争和技术。这些文章具有哲学上的复杂性，它们涵盖了维利里奥在新媒体、速度、事故、女性主义和社会等方面的批判所引起的争论。

J. 阿米蒂奇（编），2001，《维利里奥直播：访谈选编》，伦敦：世哲出版社（Sage）。

这是通过访谈对维利里奥著作的一个特别介绍，维利里奥在访谈中以雄辩的方式详细阐述了他关于媒介理论、文化、社会、建筑、速度、空间、政治、艺术、技术、整体性事故以及军事策略等方面的主张。

J. 阿米蒂奇（编），2011，《维利里奥在当下：当前维利里奥研究的各种视角》，剑桥：政体出版社（Polity）。

书中的原创论文集中论述了维利里奥在战争、城市、当代艺术以及建筑等方面提出的重要挑战，批判性地概述了到目前为止维利里奥的著作，在政治与消失美学、媒介、哲学、事故、视觉文化等方面给出了肯定的但也具有批判性的评价，全书结尾部分是维利里奥本人对后现代广告的思考。

M. 布劳施(Brausch,M),保罗·维利里奥,2011,《冬日旅程:与玛丽安·布劳施的四次对话》,芝加哥:芝加哥大学出版社。

本书包括对维利里奥的四次访谈,其中之一探索了他在建筑方面的主张的重要性,最有帮助的是本书考察了维利里奥到目前为止在 21 世纪技术加速方面的著作,以及他对技术事故与暴行、战争、空间、军事化、事件、文化和当代文明理论的强调。

J. 德·德里安(J.Der Derian)编,1998,《维利里奥读本》,牛津:布莱克韦尔出版社(Blackwell)。

《维利里奥读本》考量了军事在维利里奥著作中的意义,讨论了"军事空间""自杀状态"以及"紧急状态"等概念,集中关注维利里奥在《失去的维度》《战争与电影》和《极惯性》等著作中阐发的观点,维利里奥的论述为读本中收录的所有文本和诸如《视觉机器》《马达艺术》《沙漠屏幕》《开放天空》等很多其他著作提供了启发。

I. 詹姆斯(James,I),2007,《保罗·维利里奥》,伦敦:罗特里奇出版社(Routledge)。

该书以一流的水准向读者介绍了维利里奥关于感知的批判性政治哲学,并讨论了维利里奥是如何发展出他在速度和视觉化方面的后现代思想。其中论述维利里奥的战争、政治和艺术观的章节包含了对《战争与电影》《速度与政治》以及《艺术与恐惧》等著作的思考,并对维利里奥在领土不安全感和视觉历史等方面的著作进行了评论。

西尔维尔·罗特林奇,保罗·维利里奥,2005,《艺术的事故》,纽约:符号文本出版社。

该书是对维利里奥在事故与艺术方面的思考范围的高水平介绍,它脱胎于一系列访谈,其中有些地方会比较复杂,但使用了大量不同的例子来说明冷酷艺术、艺术的事故以及艺术博物馆等概念的影响。罗特林奇在采访中使用了恐怖主义、视觉和技术相关的众多例子,这样的方式使得该书所介绍的维利里奥关于事故与博物馆的美学哲学极为引人入胜。

P. 佩蒂特(P. Petit),保罗·维利里奥,1999,《最糟情况的政治》,纽约:符号文本出版社。

这本篇幅很短的访谈著作考察了维利里奥对运输与传播革命的探询,不仅使用了维利里奥在《否定性视域》和《视觉机器》中的观点,还介绍了维利里奥在消失美学、战争、感知以及后现代文化中的政治等方面的思想。

S. 里德海德(S. Redhead),2004,《保罗·维利里奥:加速文化的理论家》,爱丁堡:爱丁堡大学出版社。

这本介绍性著作勾勒出维利里奥从早期著作到《艺术与恐惧》的思想脉络,为读者提供了关于维利里奥主要著作的独特阐释。里德海德从现代性而非媒介理论出发来解读维利里奥,这让他的研究与《维利里奥论媒介》一书相比有着不同的语调。

保罗·维利里奥,西尔维尔·罗特林奇,2008,《纯粹战争》,纽约:符号文本出版社。

这是关于维利里奥著作最为清晰的介绍,对于想要更多地了解维利里奥从战争相关著作向速度与空间哲学的转变的读者而言,这是下一阶段最好的读本。罗特林奇在整本书加长的访谈中勾勒出维利里奥的写作轨迹,为理解维利里奥的技术理论及其与政治、军事、运动和电影的关系提供了至关重要的洞察。

词汇表

这个词汇表按照字母顺序列举了书中讨论过的维利里奥的媒介理论所涉及的概念,所有词汇都来自维利里奥的著作。它不是技术性的解释,而是旨在提供一个简明词典,帮助读者更好地理解维利里奥在媒介方面的重要思想。这个词汇表想要成就的,既非叙述性上的复杂性,也不是事无巨细的权威。

事故(Accident):事先毫无征兆的、偶然发生的不幸事件,通常有着破坏性或伤害性的结果,例如涉及车辆、人员、设施和/或不同程度的损害的撞车。

知识中的事故(Accident in Knowledge):一种当代观念,相信真实世界的虚拟化和消除人类积累的知识,包括大学的消除。知识中的事故的起因来自技术科学家们在生物和纳米技术方面的各项实验所获得的"成功",并很可能引发地球上所有生物的灭绝。

消失美学（Aesthetics of Disappearance）：媒介干预下的各种当代艺术的典型的、技术上的效果。古典的显现美学依赖于持久的物质支持（油画中使用的木材/画布，雕塑中的大理石，等等），当今消失美学的基础却是暂时的、非物质的支持（例如电影中的塑料/数字存储）。因此，各种当代影像更多表现为持续地消失而不是显现（除了人类认知功能以外）。后现代影像看上去是在银幕上从一幕移到下一幕，但实际上，作为电影序列的一部分，它们是从本质上非物质的银幕支持下一再地消失。就电影而言，这些影像以每秒 24 格的频率在消失，或者，在特效的情况下，以每秒 60 格或更快的频率消失。

事件景观（Landscape of Events）：以文化混乱的发生为主的当代场景，此种混乱同时反映了我们所处时代的野蛮和迷惘，对应着武器似乎随手可得并日益泛滥的各个城市中的日常生活与行为。无休止的战争、现实生活的加速以及媒介对不断增长的混乱的狂热报道都助长了事件景观的形成。例如 1985 年 8 月 30 日，警察在巴黎无邪喷泉广场审讯毒贩子，事后立刻发生了暴乱。

电视的工具性影像循环（Instrumental Image Loop of Television）：一刻不停地、不断增量地、重复地提供给电视观众的工具性影像。工具性"影像循环"是当代灾难的电视影像签名。例如，2003 年 2 月 1 日，哥伦比亚航天飞机在完成第 28 次任务返回地球的途中于得克萨斯州上空爆炸，7 名机组人员全部遇难，事发后立刻向电视观众提供并不断重复的"现场直播"就属于此类影像。

整体性事故(Intgeral Accident)：在"进步"导致的混沌状态下，可能成为我们唯一的栖息环境的事故。整体性事故将会扩展到整个世界地理空间并延续数个世纪之久。

本地事故(Local Accident)：在完全精确的地点和时间发生的事故。例如，1912年4月15日凌晨2点20分，在北大西洋纽芬兰大沙洲以南400英里的海域，皇家邮轮泰坦尼克号的沉没。

感知后勤(Logistics of Perception)：影像的军事化供应，第一次世界大战（1914—1918）后演化为军事弹药供应的对应行为，由此，通过战争运输与摄影机的合并形成新的电影武器系统。

媒介事件(Media Event)：吸引大范围大众传媒（主要是电视新闻）进行报道的有计划或无计划的事情，例如，2000年9月30日，为法国2台工作的自由摄影师塔拉尔·阿布·拉马(Talal Abu Rahma)录制的杀害12岁巴勒斯坦男孩穆罕默德·贾马尔·阿尔杜拉(Muhammad Jamal al-Durrah)的影像，据说小男孩是在以色列国防军和巴勒斯坦安全武装于加沙地带交火的过程中被杀死的。

事故博物馆(Museum of Accident)：维利里奥提出

的尚未真正建立的博物馆,旨在反对道德和艺术标准的崩溃、大众媒介的暴行导致的价值观缺失以及人们内在悲剧感的强化。事故博物馆所提出的问题涉及无法预料的事件,人们对重大危险的忽略,以及"预防性"知识的必要。

失神(Picnolepsy):视觉感官行为中反复出现的短暂空白,其间关于外界的意识受阻但会立刻恢复;此种状态下会有视觉、言语和行动上的瞬间中断和恢复。在中断之后,意识与时间本能地重新组合,似乎时间从来没有中断。此类中断每天都会反复出现,无论是失神者本人还是他人都会习惯性地忽略它们,认为什么都没有发生,似乎从来没有时间的缺失。然而每一次中断都表明失神者的存在中有微小的部分消失了。

极惯性(Polar Inertia):指的是一种状态或场所,处于其中的人们身体不再移动,而是处于静止状态,所有事情都在"原点"发生,都是即刻的行为,不再有空间和时间的延伸,就像人们用固定的"室内健身自行车"代替了到公路上骑自行车,不再有空间在眼前展开,即刻的惯性取代了持续的身体运动。

统计型影像(Statistical Imagery):只能通过计算机图形系统在屏幕上显示的快速计算、解码、像素分析才能够显现的人造影像,它们制造的"理性的"视觉幻象破坏了人们对真实世界的理解,也损坏了人们解释真实世界的能力。

情感同步（Synchronization of Emotions）：当电视越来越多地让亿万观众同时观看到同样的事件，电视就变成戏剧化表演的一种。例如，政治成了娱乐产业的一部分，令人动情的表现说服了观众相信候选人（如美国前总统奥巴马）的观点是真诚的。这样，维持观众的错觉或同步观众看到的戏剧化生产就成为当代大众传媒的"电视化目标"。

技术超越（Technical Beyond）：西方特有的、强迫式的、特定的美学技巧方面的设计与投射，这些美学技巧处在或朝向当代文化的理论门槛和/或实践范围的更远一端；它是对技术上的"他处"的神秘渴望，或对技术的半宗教理解，这种理解来自电影特效和/或道具、摄影技巧和电脑特技等为电视生产的幻象。

阈下舒适的技术假体（Technical Prostheses of Subliminal Comfort）：与文化技术相关的各种人造补充物，特别是对人眼的补充，例如，相机或其他拍照或影视制作装置，制造这些补充物的目的很明确，就是为了激起和加快感官或意识界限之下的心理过程；也指用此种文化技术和人造补充物作为感知形式来影响人们的心理，但人们不会感觉到受其影响，他们的身体会处在一种脱离了痛苦或羁绊的放松和自由的状态。

戏剧化军事主义（Theatrical Militarism）：军事"行

动剧场"的欺骗，如伊拉克战争（2003年3月3日开始）中美国对巴格达的军事打击，其结尾是为全球电视观众呈现摧毁法杜斯广场的伊拉克总统萨达姆·侯赛因的雕像这一幕。

万能遥控空间（Universal Remote Control Space）：指一种时-空条件，在这种时-空条件下，向计算机化的实时互动的信息传输的加速使得已然更加全能的遥控器变得更具整合力、无处不在，并逐步取代了自然环境和人类活动的真实空间。

视觉分神话语（Visual Discourses of Distraction）：军方指导下的电视传播组织方式，例如，负责将全球观众的注意力从"反恐战争"转向伊拉克战争。

参考文献

Almond, Ian (2009) "Baudrillard's Gulf War: Saddam the Carpet – Seller," *International Journal of Baudrillard Studies* 6 (2):1-9.

Aristotle (1998) *The Metaphysics*. London:Penguin.

Armitage, John (ed.) (2000) *Paul Virilio: From Modernism to Hypermodernism and Beyond*. London:Sage.

Armitage, John (ed.) (2001) *Virilio Live: Selected Interviews*. London:Sage.

Armitage, John (2010) "Temporary Authoritarian Zone," in Monica Narula, Shuddhabrata Sengupta, and Jeebesh Bagchi (eds.), *Sarai Reader 08: Fear*. New Delhi: Center for the Study of Developing Societies, pp.18-19.

Armitage, John (ed.) (2011) *Virilio Now: Current Perspectives in Virilio Studies*. Cambridge:Polity.

Armitage, John and Garnett, Joy (2011) "Apocalypse Now: An Interview with Joy Garnett," *Cultural Politics* 7 (2):59-78.

Barrett, Jennifer (2010) *Museums and the Public*

Sphere. Oxford:Blackwell.

Baudrillard, Jean (1995) *The Gulf War Did Not Take Place*, trans. Paul Patton. Sydney:Power Publications.

Baudrillard, Jean (2000) "The Evil Demon of Images," in Clive Cazeaux (ed.), *The Continental Aesthetics Reader*. London:Routledge, pp.444-52.

Baudrillard, Jean (2005) *The Intelligence of Evil or the Lucidity Pact*, trans. Chris Turner. Oxford:Berg.

Baudrillard, Jean (2009) *Why Hasn't Everything Disappeared?*, trans. Chris Turner. London:Seagull Books.

Bell, Shannon (2010) *Fast Feminism*. New York:Autonomedia.

Benjamin, Walter (1968) "The Work of Art in the Age of Mechanical Reproduction," in Walter Benjamin, *Illuminations*. New York:Schocken Books, pp. 217-251.

Bishop, Ryan and Phillips, John (2010) *Modernist Avant Garde Aesthetics and Contemporary Military Technology*. Edinburgh:Edinburgh University Press.

Boswell, David and Evans, Jessica (eds.) (1999) *Representing the Nation:A Reader in Heritage and Museums*. London:Routledge.

Brausch, Marianne and Virilio, Paul (2011) *A Winter's Journey:Four Conversations with Marianne Brausch*, trans. Chris Turner. Chicago:University of Chicago

Press.

Burroughs, William (1968) *The Ticket That Exploded*. London: Flamingo.

Carbonell, Bettina (2003) *Museum Studies: An Anthology of Contexts*. Oxford: Blackwell.

Castells, Manuel (2000) *The Rise of the Network Society*. Oxford: Blackwell.

Castells, Manuel (2009) *Communication Power*. Oxford; Blackwell.

Chomsky, Noam (1999) *The New Military Humanism: Lessons from Kosovo*. London: Pluto.

Clarke, David, Doel, Marcus, Merrin, William, and Smith, Richard G. (eds.) (2008) *Jean Baudrillard: Fatal Theories*. London: Routledge.

Coulter, Gerry (2010) "Jean Baudrillard and Cinema: The Problems of Technology, Realism and History," *Film-Philosophy* 14 (2): 6-20.

Crosthwaite, Paul (2011) "The Accident of Finance," in John Armitage (ed.), *Virilio Now: Current Perspectives in Virilio Studies*. Cambridge: Polity, pp.177-199.

Cubitt, Sean (2001) *Simulation and Social Theory*. London; Sage.

Cubitt, Sean (2011) "Vector Politics and the Aesthetics of Disappearance," in John Armitage (ed.), *Virilio Now: Current Perspectives in Virilio Studies*.

Cambridge: Polity, pp.68-91.

Deleuze, Gilles (1995) "Postscript on Control Societies," in Gilles Deleuze, *Negotiations*. New York: Columbia University Press, pp.177-182.

Deleuze, Gilles (2001) *Cinema 1: The Movement Image*. London: Continuum.

Deleuze, Gilles (2005) *Cinema 2: The Time Image*. London: Continuum.

Der Derian, James (ed.) (1998) *The Virilio Reader*. Oxford: Blackwell.

Eagleton, Terry (1990) *The Ideology of the Aesthetic*. Oxford: Blackwell.

Foster, Hal (ed.) (1994) *The Anti-Aesthetic: Essays on Postmodern Culture*, Seattle: Bay Press.

Friedberg, Anne (2006) *The Virtual Window: From Alberti to Microsoft*. Cambridge, MA: The MIT Press.

Gane, Mike (2000) *Jean Baudrillard: In Radical Uncertainty*. London: Pluto.

Goody, Alex (2011) *Technology, Literature, and Culture*. Cambridge: Polity.

Grace, Victoria (2008) "Baudrillard's Illusions: The Seduction of Feminism," *French Cultural Studies* 19 (3): 347-361.

Guénon, René (2002) *The Crisis of the Modern World*. Varanasi: Indica Books.

Harris, Jonathan (2006) *Art History: The Key Concepts*. London: Routledge.

Harvey, David (1991) *The Condition of Postmodernity: An Enquiry into the Origins of Cultural Change*. Oxford: Blackwell.

Heidegger, Martin (1978) "The Question Concerning Technology," in David Farrell Krell (ed.), *Martin Heidegger: Basic Writings*. London: Routledge, pp. 307-342.

James, Ian (2007) *Paul Virilio*. London: Routledge.

Jameson, Fredric (1991) *Postmodernism, or, The Cultural Logic of Late Capitalism*. London: Verso.

Jencks, Charles (2007) *Critical Modernism: Where is Post-Modernism Going? What is Post-Modernism?* Oxford: John Wiley & Sons.

Kahn, Herman (2010) *On Escalation: Metaphors and Scenarios*. New Brunswick: Transaction Publishers.

Kittler, Friedrich A. (2010) *Optical Media*, trans. Anthony Enns. Cambridge: Polity.

Kroker, Arthur (2011) "Three Theses on Virilio Now," in John Armitage (ed.), *Virilio Now: Current Perspectives in Virilio Studies*. Cambridge: Polity, pp.158-176.

Le Gates, Richard and Stout, Frederic (eds.) (1996) *The City Reader*. London: Routledge.

Lefebvre, Henri (2004) *Rhythmanalysis: Space, Time

and Everyday Life, trans. Stuart Elden. London: Continuum.

Lipovetsky, Gilles (2005) *Hypermodern Times*, trans. Andrew Brown. Cambridge: Polity.

Lotringer, Sylvère and Virilio, Paul (2005) *The Accident of Art*, trans. Michael Taormina. New York: Semiotext(e).

Lynch, Kevin A. (1960) *The Image of the City*. Cambridge, MA: The MIT Press.

Lyon, David (1999) *Postmodernity*. Milton Keynes: Open University Press.

Lyotard, Jean-Frangois (1984) *The Postmodern Condition: A Report on Knowledge*, trans. Geoff Bennington and Brian Massumi. Manchester: Manchester University Press.

Macdonald, Sharon (ed.) (2010) *A Companion to Museum Studies*. Oxford: Blackwell.

Merleau-Ponty, Maurice (1968) *The Visible and the Invisible*, trans. Alphonso Lingis. Evanston, IL: Northwestern University Press.

Nicholls, Peter (1995) *Modernisms: A Literary Guide*. London: Macmillan.

Petit, Philippe and Virilio, Paul (1999) *The Politics of the Very Worst*, trans. Michael Cavalière. New York: Semiotext(e).

Pisters, Patricia (2010) "Logistics of Perception 2.0:

Multiple Screen Aesthetics in Iraq War Films," *Film-Philosophy* 14 (1):232-252.

Popper, Karl (1990) *A World of Propensities*. Bristol: Thoemmes.

Prior, Nick (2011) "Speed, Rhythm, and Time-Space: Museums and Cities," *Space and Culture* 14 (2): 197-213.

Redhead, Steve (2004) *Paul Virilio: Theorist for an Accelerated Culture*. Edinburgh: Edinburgh University Press.

Rush, Michael (2005) *New Media in Art*. London: Thames and Hudson.

Sassen, Saskia (2001) *The Global City: New York, London, Tokyo*. Princeton: Princeton University Press.

Sennett, Richard (2003) *Flesh and Stone: The Body and the City in Western Civilization*. London: Penguin.

Shaw, Debra Benita (2008) *Technoculture*. Oxford: Berg.

Simmel, Georg (1969) "The Metropolis and Mental Life," in Richard Sennett (ed.), *Classic Essays on the Culture of Cities*. Englewood Cliffs, NJ: Prentice Hall, pp.47-60.

Stiegler, Bernard (2010) "Telecracy against Democracy," *Cultural Politics* 6 (2):171-180.

Svendsen, Lars (2008) *A Philosophy of Fear*. London: Reaktion Books.

Tegel, Susan (2007) *Nazis and the Cinema*. London: Hambledon Continuum.

Thrift, Nigel (2011) "Panicsville: Paul Virilio and the Aesthetic of Disaster," in John Armitage (ed.), *Virilio Now: Current Perspectives in Virilio Studies*. Cambridge: Polity, pp.145-157.

Toffoletti, Kim and Grace, Victoria (2010) "Terminal Indifference: The Hollywood War Film Post-September 11," *Film-Philosophy* 14 (2): 62-83.

Virilio, Paul (1976) *L'Insécurité du territoire*. Paris: Stock.

Virilio, Paul (2006) *Speed and Politics: An Essay on Dromology* (1986), trans. Mark Polizzotti. New York: Semiotext(e).

Virilio, Paul (1989) *War and Cinema: The Logistics of Perception*, trans. Patrick Camiller. London: Verso.

Virilio, Paul (1990) *Popular Defense and Ecological Struggles*, trans. Mark Polizzotti. New York: Semiotext(e).

Virilio, Paul (1991) *The Lost Dimension*, trans. Daniel Moshenberg. New York: Semiotext(e).

Virilio, Paul (1994a) *Bunker Archeology*, trans. George Collins. Princeton: Princeton Architectural Press.

Virilio, Paul (1994b) *The Vision Machine*, trans. Julie Rose. London:British Film Institute.

Virilio, Paul (1995) *The Art of the Motor*, trans. Julie Rose. Minneapolis:University of Minnesota Press.

Virilio, Paul (1997) *Open Sky*, trans. Julie Rose. London; Verso.

Virilio, Paul (2000a) *Polar Inertia*, trans. Patrick Camiller. London:Sage.

Virilio, Paul (2000b) *Strategy of Deception*, trans. Chris Turner. London:Verso.

Virilio, Paul (2000c) *A Landscape of Events*, trans. Julie Rose. Princeton:Princeton Architectural Press.

Virilio, Paul (2000d) *The Information Bomb*, trans. Chris Turner. London:Verso.

Virilio, Paul (2002a) *Desert Screen:War at the Speed of Light*, trans. Michael Degener. London:Continuum.

Virilio, Paul (2002b) *Ground Zero*, trans. Chris Turner. London:Verso.

Virilio, Paul (2003a) *Art and Fear*, trans. Julie Rose. London: Continuum.

Virilio, Paul (2003b) *Unknown Quantity*, trans. Chris Turner and Jian-Xing Too. London: Thames and Hudson.

Virilio, Paul (2005a) *Negative Horizon*, trans. Michel Degener. London:Continuum.

Virilio, Paul (2005b) *City of Panic*, trans. Julie Rose.

Oxford: Berg.

Virilio, Paul (2007a) *The Original Accident*, trans. Julie Rose. Cambridge: Polity.

Virilio, Paul (2007b) *Art As Far As the Eye Can See*, trans. Julie Rose. Oxford: Berg.

Virilio, Paul (2009a) *The Aesthetics of Disappearance*, trans. Philip Beitchman. New York: Semiotext(e).

Virilio, Paul (2009b) *Grey Ecology*, trans. Drew Burk. New York: Atropos.

Virilio, Paul (2010a) *The University of Disaster*, trans. Julie Rose. Cambridge: Polity.

Virilio, Paul (2010b) *The Futurism of the Instant: Stop-Eject*, trans. Julie Rose. Cambridge: Polity.

Virilio, Paul (2012) *The Great Accelerator*, trans. Julie Rose. Cambridge: Polity.

Virilio, Paul and Armitage, John (2001) "From Modernism to Hypermodernism and Beyond," in John Armitage (ed.) *Virilio Live: Selected Interviews*. London: Sage, pp.15-47.

Virilio, Paul and Armitage, John (2009) "In the Cities of the Beyond: An Interview with Paul Virilio," in Brigitte van der Sande (ed.) *OPEN 18: 2030: War Zone Amsterdam: Imagining the Unimaginable*. Amsterdam: NAi Publishers-SKOR, pp.100-111.

Virilio, Paul and Armitage, John (2011) "The Third War; Cities, Conflict and Contemporary Art:

Interview with Paul Virilio," in John Armitage (ed.), *Virilio Now:Current Perspectives in Virilio Studies*. Cambridge:Polity, pp.29-45.

Virilio, Paul and Goldman, Sacha (2012) "Celebration: A World of Appearances," *Cultural Politics* 8 (1): 61-72.

Virilio, Paul and Lotringer, Sylvère (2008) *Pure War*, trans. Philip Beitchman, Brian O'Keefe, and Mark Polizzotti. New York:Semiotext(e).

Virilio, Paul and Parent, Claude (1996a) *Architecture Principe 1966 and 1996*, trans. George Collins. Besangon:Les Éditions de L'Imprimeur.

Virilio, Paul and Parent, Claude (1996b) *The Function of the Oblique*, trans. Pamela Johnson. London: Architectural Association.

Williams, Raymond (1973) *The Country and the City*. London:Chatto and Windus.

Winkel, Roel Vande and Welch, David (eds.) (2010) *Cinema and the Swastika:The International Expansion of Third Reich Cinema*. London:Palgrave.

Witcomb, Andrea (2003) *Re-Imagining the Museum: Beyond the Mausoleum*. London.

索 引

(索引页码均为英文原著页码,即本书边码)

A

absolute value 绝对价值,73

acceleration 加速,9,34,36-37,39-43,46,129,130,131

accident museum *see* Museum of Accidents 事故博物馆

accidents 事故,87-88,118,120,130,132,146,147-148,158

 accident of accidents 事故中的事故,87

 in knowledge 知识中的事故,148,158-159

 integral 整体性事故,133,134,148,160

 local 本地事故,148,160

 slow advance of technological catastrophes 技术灾难的缓慢推进,129

 transfer accidents 传输事故,87-88,89,91,93,94,130

advertising 广告,30,125,142
aerialized war 空中战争,53-54,57-58,59,61,63,64,66,70
 cine-military systems 电影-军事系统,67
 cultural politics of 文化政治,59
aerodynamics 空气动力学,44
aesthetic agony 美学痛苦,128
aesthetics 美学,5,10
 and art 美学与艺术,11,12,27
 and cinema 美学与电影,11
 Kantian 康德美学,11-12,16
 media and cultural usage 媒介与文化方面的使用,11-12
 militarized 军事化美学,47,64,66
 modernist 现代主义美学,12
 postmodernist 后现代美学,12
 restricted and extended usage 受限制的和扩展的使用,25-26
aesthetics of disappearance 消失美学,1,2,3-4,7,8,21,24-46,117,140-143,159
 ancient aesthetics 古代美学,29,159
 Baudrillard and 鲍德里亚与消失美学,2,3,58-62,69,142
 cinema and 电影与消失美学,31,47-48,52,57,58-62
 commentators on 消失美学的评论者,2-3

"disappearance of the real" 真实的消失, 3
escalated aesthetics 升级了的美学, 45, 118
modern 现代, 37
physical processes 物理过程, 3
potentialities 潜能, 57
premodern 前现代, 37
as primeval pleasure 作为原始快感的消失美学, 69
principle of speed and of special effects 速度与消失原则, 46
"progressive" art of disappearance 消失的"进步"艺术, 124
Virilio's definition of 维利里奥的消失美学定义, 25
war and 战争与消失美学, 52, 60-62
age of imbalance 不平衡时代, 99, 100
Agfacolor 爱克发彩色胶片, 48, 49
Allen, Woody 伍迪·艾伦, 13-14
 Zelig 《西力传》, 14
American cinema 美国电影, 48-49, 50-52
American Technicolor 美国特艺彩色胶片, 47, 48
analog vision technologies 模拟视觉技术, 15, 89, 93
"anti-aesthetics" "反美学", 12
apocalyptic sublime 末世崇高, 128
Apollinaire, Guillaume 纪尧姆·阿波利奈尔, 55

architecture　建筑

　　Bunker Archeology　地堡考古学, 7

　　function of the oblique　倾斜功能, 6-7

　　Le Corbusier　勒·柯布西耶, 6, 7, 17

　　postmodern city　后现代城市, 17, 18

Architecture Principe　建筑原则, 6

Architecture Principe　《建筑原则》, 6

Aristotle　亚里士多德, 4, 87, 141, 148

Armitage, John　约翰·阿米蒂奇

　　Paul Virilio　《保罗·维利里奥》, 155

　　Virilio Live: Selected Interviews　《维利里奥直播：访谈选编》, 155

　　Virilio Now　《维利里奥在当下》, 146, 148, 154, 155

art market, hyperrealism of　艺术市场的超写实主义, 138

art museums　艺术博物馆

　　art experts　艺术专家, 19-20

　　contemporary　当代的, 19-21

　　destiny of　归宿, 136-139

　　global museums　全球博物馆, 20

　　independent aesthetic values　独立美学价值, 19, 20

　　"museum" and "gallery," distinguished　著名"博物馆"和"画廊", 20

　　night visitors　博物馆夜场参观者, 136, 137-

138, 139
 novel practices　新奇实践, 20
 postmodern museum　后现代博物馆, 19-20
 privatization　私有化, 138
 public disaffection with　公众的不满, 138
 suppression of voices of silence　对寂静之声的压制, 139
 trajective events　轨迹性事件, 138
artillery　炮兵, 56
Atlantic Wall　大西洋防线, 6, 7
atomic engineering　核工程, 134
atomic warfare　核战争, 52, 143
audience indifference　受众冷漠, 62
audiovisual insecurity　视听不安全感, 113
audiovisual logics　视听逻辑, 75
automated culture　自动化文化, 74
aviation　航空, 53-54, 57

B

Baghdad, US military assault on (Iraq War)　美国对巴格达的军事打击, 103, 108, 109-110, 163
Baudrillard, Jean　让·鲍德里亚, 4, 142
 and the aesthetics of disappearance　鲍德里亚与消失美学, 2, 3, 58-62, 69, 142
 cinema aesthetics　电影美学, 13-14, 58-59, 63
 cinematic-centered hyperreality　电影为中心的

超现实,60,63

"The Evil Demon of Images" 影像的邪恶魔鬼,59

The Gulf War Did Not Take Place 《海湾战争并未发生》,60,62

Bell, Shannon, *Fast Feminism* 香农·贝尔,速度女性主义,147

Benjamin, Walter 瓦尔特·本雅明,15,54,105,141,146

Berlin Wall, collapse of (1989) 柏林墙倒塌,98

Big Bang 大爆炸,88

biotechnology 生物技术,159

Bishop, Ryan 瑞安·毕肖普,142-143

Bitzer, Billy 比利·比泽,54

Black Monday (October 19, 1987) 黑色星期一(1987年10月19日),88

Blade Runner 《银翼杀手》,13

Blair, Tony 托尼·布莱尔,99

Boeing Corporation 波音公司,142

Braun, Werner von 沃纳·冯·布劳恩,84

Brausch, M., *A Winter's Journey* M.布劳施,《冬日旅程》,155-156

Breedlove, Craig 克雷格·布里德勒夫,44

Bunker Archeology 地堡考古学,7

Buñuel, Luis 路易斯·布努埃尔,51

Burroughs, William 威廉·巴勒斯,80

C

calculator pen 计算器笔,77-78

capacities for movement 移动能力,56-57,60-61,62-66,68,69

capitalism 资本主义
  global 全球资本主义,17
  urban 城市资本主义,17,18

Capra, Frank 弗兰克·卡普拉,51

Castells, Manuel 曼纽尔·卡斯特,15

chorography 地方志,44,45,46

chronophotographic future 连续摄影化的未来,53

chronophotographic rifle 连续摄影枪,53

Church of Saint-Bernadette du Banlay, Nevers 位于纳维尔市邦雷的圣伯纳黛特教堂,7

cinema 电影,4,10,47-70
  and the aesthetics of disappearance 电影和消失美学,31,47-48,52,57,58-62
  capacities for movement 移动能力,52,53,56-57,61,64,65,66
  cinema-war interdependence 电影-战争的相互依存,47-70,54,64,69,70,118
  cultural politics of 电影的文化政治,4,59
  dromoscopic account of cinematic movement 电影化移动的高速视觉阐释,63
  escalation 升级,54,64,66,70

    film-makers hijacked by war 被战争挟持控制的电影导演人, 65-66, 67

    "flying into the unknown" 飞入未知领域, 54-55

    fusion of war, weaponry, and the human eye 战争、武器与人眼的融合, 65-66, 67

    immorality 不道德, 59

    postmodern account 后现代阐述, 13-14, 58-59, 63, 69

    present-day cultural impact 对当今文化的冲击, 52-53

    special effects 特效, 29-30, 32, 48-49

    technical advances in 技术进步, 28, 29, 31-32, 40

    as a technical beyond 技术超越, 62, 66

    techno-psychology of shock 震惊的技术心理学, 47, 48

    World War II 第二次世界大战, 48-52

cinematic seeing 电影式观看, 55-56, 57

cinematic time 电影时间, 63-64

city 城市

    aestheticized disappearance of 美学化消失, 146

    catastrophe of the twentieth century 20世纪的灾难, 103

    cultural exodus from 城市中的文化出走, 9, 145

    cultural politics 文化政治, 144

culture of panic 文化恐慌,4,9
current cultural usage 当前文化方面的使用,16-18
global cities 全球性城市,10,18-19
manifestations of modernity 现代性展示,16
multidisciplinary conception of 多学科认识,18
origins of the modern city 现代城市的起源,16-17
postmodern city 后现代城市,17-19
re-imaginings of the self 城市中的自我再想象,in 17
ultracity 超级城市,145
urban capitalism 城市资本主义,17

city of panic 恐慌城市,95,102-105,112,114,115
synchronization of emotions 情感同步,96,111-114,116,118,162
collective hallucination of a single image 单一影像的集体幻觉,105,108-109,110-114,116
Columbia space shuttle disaster 哥伦比亚号航天飞机失事,160
communication power 传播力量,16
communications weapons 传播武器,101
computers 计算机,14,77,91
screens, logic of projection 计算机屏幕,投射逻辑,33

conscientious objectors 有良知的反对者,100

control societies 控制社会,4,15

critical/uncritical approaches to art and technology 研究艺术与技术的批判性/非批判性方法,122-127

Crosthwaite, Paul 保罗·克罗斯威特,148

cultural geography, technology and 技术与文化地理学,32

cultural innovation 文化创新,45

cyberfeminism 网络女性主义,147

cybernetic domination 控制论统治,89,91

cybernetic structures 控制论结构,88

cybernetic vision 控制论视界,107,108,109

cyberspace 网络空间,90

cyberspatial urban displacement 网络化城市空间替换,90-91

D

Dada 达达,12,126

decenteredness 去中心,18

Deleuze, Gilles 吉尔·德勒兹,4,15,72,80,81,85,141

democracy, techno-social associations 民主,技术-社会协会,41-42,43

Der Derian, J. J.德·德里安,《维利里奥读本》,*The Virilio Reader* 156

digital blindness 数字化失明,76

digital vision technologies 数字化视觉技术, 16, 93
disciplinary societies 规训社会, 15
Dr Strangelove 《奇爱博士》, 68, 69
Dreyer, Carl 卡尔·德莱叶, 54
dromo-politics 速度政治, 85
dromomaniacs 速度狂人, 83
dromoscopy 高速视野, 57, 63
drones 无人机, 53-54, 67
dystopianism 反乌托邦, 102

E

Eagleton, Terry 特里·伊格尔顿, 11, 12
escalation 升级, 63, 65, 66, 67
    aerialized war 空中战争, 64, 70
    of the technical beyond 技术超越的, 45, 58, 62, 63, 69, 103
    photo-cum-cinematic 照片与电影, 54, 64, 66, 70
Eve 夏娃, 35-36, 129

F

feminism 女性主义, 14, 42, 147
"flying into the unknown" "飞入未知领域", 37, 38-39, 40, 42, 43, 45, 46, 47, 54-58, 60, 69, 103, 115, 118, 125, 133, 139

G

Garnett, Joy 乔伊·加内特, 128

Gates, Bill 比尔·盖茨, 138, 139

genetic engineering 基因工程, 134

genius 天才, 27

geopolitics 地缘政治, 8

German Expressionism 德国表现主义, 124, 126

global economy 全球经济, 88

globalization 全球化, 104, 107, 108, 109, 114

Goebbels, Paul Joseph 保罗·约瑟夫·戈培尔, 48, 49, 50

Goethe, Johann Wolfgang von 约翰·沃尔夫冈·冯·歌德, 102

"going to the other side" "到另一边去", 38, 40, 41, 43, 44

Goody, Alex, *Technology, Literature, and Culture* 阿历克斯·古蒂,《技术、文学与文化》, 143-144

grand theories 宏大理论, 12

Griffith, D.W. D.W.格里菲斯, 54

Guénon, René, *The Crisis of the Modern World* 雷内·格农,《现代世界的危机》, 145

Guggenheim Museum Bilbao 毕尔巴鄂古根海姆博物馆, 19, 20, 21

Gulf War (1990-1991) 海湾战争 (1990—1991年), 60, 61-62, 63, 67, 98, 99, 101

H

Harvey, David　大卫·哈维,17,18

Heidegger, Martin　马丁·海德格尔,4,79,141

helplessness　无助,100

　　repudiation of　拒绝无助,130,131

here and now　此地此时,72,91,94

Hiroshima　广岛,52,80,143

Hitler, Adolf　阿道夫·希特勒,49,50

Hughes, Howard　霍华德·休斯,30-31,32,81

Hülsenbeck, Richard　理查德·胡森贝克,126

Human Genome Project　人类基因组计划,125

Hussein, Saddam　萨达姆·侯赛因,99,103,108,109

Husserl, Edmund　埃德蒙德·胡塞尔,141

hypermodernity　超现代性,81,82

　　speed addictions　速度沉迷,83

hyperreality　超现实,60,63,138

I

iconoclasm　对偶像崇拜的破化,106

images　影像

　　cinematic　电影影像,13

　　fascination with　影像着迷,59

image blindness　影像盲,76

　　logistics of the image　影像后勤,152

paradoxical logic of 影像的矛盾逻辑,71,75,76
referents 指称,13
subliminal images 阈下影像,38,44
supernatural images 超自然形象,29,30,32,40,41
techno-prosthetic images 技术假体影像,104
industrial modernity 工业化现代性,126
industrialization of the non-gaze 非凝视的工业化,75
inertial guidance systems 惯性引导系统,73
information and communications technologies 信息传播技术,4,15
instrumental image loop of television 电视的工具性影像循环,95,104,105-107,108,110-113,115,116,159-160
interactive user-friendliness 互动式用户友好性,87,89
Iraq War (2003) 伊拉克战争(2003年),99,106,144,163

J

James, I., *Paul Virilio* I.詹姆斯,《保罗·维利里奥》,156
Jameson, Fredric 弗雷德里克·杰姆逊,13
Jankélévitch, Vladimir 弗拉基米尔·扬科列维奇,5

just-in-time distribution systems 即时配送系统,145

K

Kant, Immanuel 伊曼纽尔·康德,11-12,16
Kittler, Friedrich 弗里德里克·基特勒,143
Kokoschka, Oskar 奥斯卡·柯克西卡,126
Kosovo War (1999) 科索沃战争(1999年),67,73,98-99
Kroker, Arthur 亚瑟·克罗格,146
Kruger, Barbara 巴巴拉·克鲁格,12
Kubrick, Stanley 斯坦利·库布里克,68

L

land speed records 陆上速度记录,44
landscape of events 事件景观,95,96-102,115,159
Langdon, Harry 哈里·兰登,51
Las Vegas 拉斯维加斯,18
laser holography 激光全息摄影,57
The Last Picture Show 《最后一场电影》59-60
Le Corbusier 勒·柯布西耶,6,7,17
Lefebvre, Henri 亨利·列斐伏尔,147
logic of public representation 公共表征的逻辑,75
logistics-based media theory 以后勤为基础的媒介理论,118
logistics of the image 影像后勤,152

logistics of perception 感知后勤,4,21-22,47,56,58,65,67,68-69,70,71,118,119,120,141,160

logistics of weapons 武器后勤,56,65

London 伦敦,19

Los Angeles 洛杉矶,18

Lotringer,Sylvère 西尔维尔·罗特林奇
 The Accident of Art 《艺术的事故》,156-157
 Pure War 《纯粹战争》,122,157

Lynch,Kevin 凯文·林奇,A.17

M

man-machine interface 人机界面,92

Marey,Etienne-Jules 埃蒂安-儒勒·马雷,53

Marinetti,Filippo Tommaso Emilio 菲利波·托马索·埃米利奥·马里奈蒂,8

mass communications,militarized logics of 大众传播的军事化逻辑,104

mass individualism 大众个人主义,36,38,41,43,128,129-130
 construction of 建构,34,36
 cultural preconceptions 文化上的先入之见,53
 cultural ties and 文化纽带与大众个人主义,41
 impact of artificial vision on 人工视觉对大众个人主义的影响,75
 technical prostheses and 技术假体与大众个人

主义,42

 mass lay culture　大众俗文化,138

 May 1968 protests　1968年5月的抗议,7

 media and military technologies, convergence of　媒体与军事技术的合并,144,160

 media events　媒介事件,2,10,18,22,95,96,97-98,102,105,112-116,118,119,120,141,160

 medium without a message　没有信息的媒介,62

 Méliès, Georges　乔治·梅里爱,30

 Merleau-Ponty, Maurice　莫里斯·梅洛-庞蒂,4,5,72,141

 Messter, Oskar　奥斯卡·迈斯特,54

 militarization of aesthetics　美学军事化,47,64,66

 militarization of the cultural　文化领域的军事化,6

 military bunkers, archeology of　军事地堡考古学,7

 Military Channel　军事频道,100

 military humanism　军事人道主义,99

 military interventionism　军事干预主义,98

  see also war　参见战争

 military-communications complex　军事传播复合体,89

 mobile phone　手机,72,82-84,85,92

  body technology　身体技术,83-84

  and cyberspatial urban displacement　手机与网络化城市位移,90-91

form of universal remote control 万能遥控器形式,72,82-83,94

overlap with polar inertia 手机与极惯性的重叠,84

modernist aesthetics 现代主义美学,12,14

modernity 现代性,35,36-37

moon landing (1969) 登月(1969年)73,79,80,83,93

motorization of cultural space 文化空间的动力化,90

Mumbai Stock Exchange attack (1993) 孟买证券交易市场爆炸案(1993年),97

Museum Night 博物馆免费夜场,136,137

Museum of Accidents 事故博物馆,104,120,130-136,137,139,161

museums *see* art museums 博物馆,参见艺术博物馆

N

nanotechnology 纳米技术,159

National Gallery, London 伦敦国家艺术馆,20

National Guard of Florida, sending to Iraq 派遣佛罗里达的预备役部队前往伊拉克,110,111,116

nationalism 民族主义,20,69

Nazi cinema 纳粹电影,48-49,50-51

negativism 否定论,119

neocolonialism 新殖民主义,99
network societies 网络社会,15,17
neurosurgical tranquilization 神经外科麻醉,33
new media 新媒体,10,71-94,118
 convergent systems 趋同系统,15
 current cultural theory 当前的文化理论,14-16
New York 纽约,19,102-105,118
nihilism 虚无主义,133
nuclear deterrence 核威慑,96-97

O

Obama, Barack 巴拉克·奥巴马,162
objective reality 客观现实,75
O'Hara Slavick, Elin 爱琳·欧哈拉·斯拉维克,154
old media, restructuring of 旧媒介重组,15
omnipresence 无处不在,86,135
"Operation Shock and Awe" 震慑行动,106,107
Other 大写的他者,14

P

paradoxical logic 矛盾逻辑,78,79
 of the image 影像的矛盾逻辑,71,75,76
 of vision technologies 视觉技术的矛盾逻辑,78,79
paradoxical waking 醒与梦的矛盾状态,29

parapsychology 通灵, 41
Parent, Claude 克劳德·巴朗, 6
Pastrone, Giovanni 乔瓦尼·帕斯特洛奈, 56
perception 感知
 artificial 人工感知, 78
 automation of 自动感知, 75
 crisis of perceptive faith 感知信心危机, 76, 77
 electro-optic perception 电子光学感知, 67
 see also logistics of perception 参见感知后勤
Petit, P., *The Politics of the Very Worst* P.佩蒂特,《最糟情况的政治》, 157
Phelan, James 詹姆斯·费伦, 30
Phillips, John 约翰·菲利普斯, 142-143
photography 摄影
 advances in 摄影的进步, 28, 31-32, 40
 aerial 空中摄影, 53-54, 66
 and aesthetics of disappearance 摄影与消失美学, 31
 cinematic 电影摄影, 29-30
 logistics of perception 感知后勤, 56
 special effects 特效, 29-30, 32
 traveling shot 移动摄影, 56
 see also cinema 参见电影
picnolepsy 失神症, 26-28, 161
 aesthetics of 失神症美学, 28-31, 39, 117-118
 character and condition of 失神症的特点与条

件, 27, 28, 46
chronological 具有时间顺序的失神症, 36
danger of relegation to a solitary technique 失神症降级为单一技术的危险, 42
growth of 失神症的发展, 32
paradoxical waking 醒与梦的矛盾状态, 29
picnoleptic-based culture 以失神症为基础的文化, 29
picnoleptic disaster 失神症灾难, 30
picnoleptic occurrence 失神症的发生, 29
risk confronting 失神症面临的风险, 42-43
technical prostheses, series of 技术假体系列, 28-29
total enigma of 失神症的绝对谜团, 38
transmutation of 失神症的变异, 39
Virilio's description of 维利里奥对失神症的描述, 26, 27

Pister, Patricia 帕特里夏·皮斯特, 144
pitiless art 冷酷艺术, 125
polar inertia 极惯性, 4, 72-74, 77, 80-82, 85, 86, 89, 90, 91, 94, 118, 161
nature and implications of 极惯性的本质与含义, 73
as outcome of statistical imagery 作为统计型影像结果的极惯性, 85, 86, 94
transfer accident of 极惯性的传输事故, 89, 94

and vision machines 极惯性与视觉机器,92-93

political gothic 政治哥特式,107,108,109

politics of hope 希望政治,119

Popper, Karl 卡尔·波普尔,90,141

post-Cold War international order 后冷战时期国际秩序,96,115

postmodern cinema critique 后现代电影批评,13-14,58-59,63,69

postmodern city 后现代城市,17-19

postmodern civilization 后现代文明,132-133

postmodern culture 后现代文化,15,24,72,75,76,85,86,141,142

postmodernist aesthetics 后现代美学,12,13-14

postmodernity 后现代性,17,18

poststructuralism 后结构主义,147

premodernity 前现代主义,35,36-37

present time 当前,91

preventive intelligence 预防性情报,133,161

Prior, Nick 尼克·普瑞尔,147

prison system 监狱系统,80

profane and sacred art 世俗与宗教艺术,125,128

program trading 程序控制交易,88

public insecurity 公众不安全感,107,113

Q

queer theory 酷儿理论,147

R

real time 实时,63,64,85,91,92,114-115,120

real-time systems, implosion of 实时系统的内爆,88

reality 现实,13,69

    hyperreality 超现实,60,63,138

    objective reality 客观现实,75

    virtual reality 虚拟现实,43,71

Redhead, S., *Paul Virilio* S.里德海德,《保罗·维利里奥》,157

responsibility for future generations, imperative of 对子孙后代的根本责任,130,131-135,137,145

S

Saget, Jean-Marie 让-玛丽·萨盖,37

Satan 撒旦,35,129

Scott, Ridley 雷德利·斯科特,13

seductive female figure 具有诱惑力的女性人物,14,35-36,129

Sennett, Richard 理查德·桑内特,17

September 11, 2001 terrorist attacks 2001年9月11日恐怖主义袭击,102-105,118

Sharr, Adam 亚当·沙尔,154

Sherman, Cindy 辛迪·谢尔曼,12

siege psychosis 围困感下的精神错乱,107

sightless vision 失明的视觉,74,75,82

social deregulation 社会去管制, 85
sociopolitical cybernetics 社会政治控制论, 87-93
space-speed 空间速度, 85
space-time 空间时间, 84-85, 92
spatial extension 空间拓展, 161
speed 速度, 39, 40, 43-46, 83, 85, 92, 130, 132, 147
    critique of 速度批判, 133, 134
    hypermodernity's speed addictions 超现代性中的速度沉迷, 83
    implication in the accident 事故中的后果, 130
    space-speed 空间速度, 85
    technological 技术速度, 147
    violence of 速度暴力, 85, 88
Spring of Museums 博物馆之春, 136
statistical imagery 统计型影像, 76-77, 80, 81, 86, 89, 90, 91, 92, 94, 161-162
    transfer accident of 统计型影像的传输事故, 89, 94
statistical optics 统计光学, 77
stereo-anxiety 立体焦虑, 113
Stiegler, Bernard 贝尔纳·斯蒂格勒, 15, 41-42, 43
strategic event, problematic forms of 策略性事件的问题化方式, 98-99, 100
Sun Tzu 孙子, 9

supernatural images 超自然形象,29,30,32,40,41

synchronization of emotions 情感同步,96,111-114,116,118,162

T

taste 品位,27

technical beyonds 技术超越,35-39,43,127,162
  ancient cultures 古代文化,35-36
  cinema as a 作为技术超越的电影,62,66,140
  intensification and acceleration of 技术超越的强化与加速,36-37,39,40-43,56
  militarized 军事化技术超越,65
  modernity 现代性技术超越,36-37
  powerhouse of picnolepsy 失神症的强大动力,40
  premodernity 前现代技术超越,36-37
  problematization of 技术超越的问题化,42
  woman 妇女,35-36
  zoophilism 嗜兽癖,37,38,55
  see also "flying into the unknown" 参见"飞入未知领域"

technical prostheses 技术假体,28-29,31,162-163
  annihilation of historical time and space 历史性事件与空间的消亡,44,46
  continual new development of 持续的技术假体的新发展,44-45

dangers of 技术假体的危险,42-43

globalization of 技术假体的全球化,39-40,42,45

intensification and speed 强化与速度,42-45

logics of 技术假体逻辑,33,34

and mass individualism 技术假体与大众个人主义,42

mediation of cultural ties 技术假体对文化纽带的介入,34

modification 技术假体的改变,33-34

obliteration of human sensations 人类感官的去除,33,34,44

picnolepsy as a series of 作为技术假体系列的失神症,28-29

projections of 技术假体的投射,33

"of subliminal comfort" "阈下舒适"的技术假体,31-32,33

systematization of 技术假体的系统化,35-36

vagueness of 技术假体的模糊性,105,109

see also instrumental image loop of television 参见电视的工具性影像循环

techno-prosthetic images 技术假体影像,104

techno-psychology of shock 震惊的技术心理学,47,48

techno-warfare 技术战争,153

technoculture 技术文化,80,81,85,127-128

　　　　logistical role　技术文化的后勤地位,129
　　　　visual　视觉性技术文化,84
　　technological donjuanism　技术性唐璜综合征,38,40
　　technological enframing　技术框架论,78-79
　　technological seduction　技术诱惑,35-36
　　technological systematization　技术系统化,35-36,129
　　technology　技术
　　　　aesthetic discourse　美学话语,32-33
　　　　fait accompli of　技术既成事实,32,34,35,36
　　　　social meanings and politics of　技术的社会含义与政治,144
　　technoscape　技术景观,92
　　technoscience　技术科学,3,80,131,134,159
　　teleaction　远程行为,91,92
　　telecracy　远程统治,41
　　teletopia　遥控之境,91
　　television　电视,15
　　　　cross-frontier omnipresence　跨越国界无处不在,135
　　　　instrumental image loops　工具性影像循环,95,104,105-107,108,110,111-112,113,115,116,159-160
　　　　militarized　军事化电视,100-105,113
　　　　and new era of terrorism　电视与恐怖主义新时

代,96,99,101
and new era of war 电视与战争新时代,98
remote control 遥控,73
theatrical militarism 戏剧化军事主义,96,109-110,111,116
terminal-man 终端人,92,93
terrorism 恐怖主义,96,125
balance of terror 恐怖平衡,98,102,107
fortification of terroristic images 恐怖主义影像的增强,104
mutation of 恐怖主义的变异,95,97,110,115
new era of 恐怖主义新时代,96-99,101,105,109
old era of 恐怖主义旧时代,96-97,101,105,109
prohibitions on coverage of 禁止恐怖主义相关报道,101,102,112
re-imagining the domain of 重新想象恐怖主义的领域,118
telegenic qualities of atrocities 暴行适合电视广播的特性,101,102,104
television and 电视与恐怖主义,98,99,100
urban terror 城市恐怖,153
theatrical militarism 戏剧性军事主义,96,109-110,111,116,118,163
Thomson-Houston Center of Aerospace Research 汤姆森·休斯敦航天研究中心,7
Thrift, Nigel 奈杰尔·斯瑞福特,119,141,154

time 时间
    cinematic time 电影时间,63-64
    new interpretations of 对时间的新阐释,45
    present time 当下的时间,91
    real time 实时,63,64,85,91,92,114-115,120

time-space compression 时空压缩,18
Titanic, sinking of 泰坦尼克号的沉没,160
Todd, Emmanuel 伊曼纽尔·托德,109
Tokyo 东京,19
trajective events 轨迹性事件,127,130-134,138
transmission revolution 传输革命,90,92
transpolitical deconstruction 跨政治解构,85

U

UFA (Universal Aktion Film) 全球电影公司,48,49
    Unité d'Habitation, Marseille 马赛公寓,6
    United Nations (UN) 联合国,97,98,99,111
    universal remote control space 万能遥控空间,80,81,84-87,94,163
        collapse of 万能遥控空间的倒塌,86,89
    urban planning 城市规划,6,17

V

vehicular attraction of the coupling 交通工具的耦

合吸引力, 37, 38, 40
 video optics 视频光学, 76
 Viennese Actionism 维也纳行为主义, 126
 Virilio, Paul 保罗·维利里奥
  aesthetic perspective on media theory 媒介理论的美学视角, 120-127, 130-132
  architectural theory 维利里奥的建筑理论, 6-7
  career 维利里奥的职业生涯, 6-9
  critique of postmodern art and technology 维利里奥的后现代艺术与技术批判, 2, 3-5, 6, 8-10, 22, 124-130
  impact on media theory 维利里奥媒介理论的影响, 4-5, 8, 140-141, 148-149
  media-related texts 维利里奥的媒介相关著作, 1-2, 8-10, 150-151
   The Accident of Art 《艺术事故》, 156-157
   The Aesthetics of Disappearance 《消失美学》, 1, 8, 21, 24-46, 54, 72, 117, 140, 141-142, 150, 151
   Art and Fear 《艺术与恐惧》, 9, 125, 153
   Art As Far As the Eye Can See 《肉眼可见的艺术》, 9, 136-137, 154
   Bunker Archeology 《地堡考古学》, 7
   City of Panic 《恐慌城市》, 9, 102-105, 116, 144, 153
   Desert Screen 《沙漠屏幕》, 64, 68, 69

The Futurism of the Instant 《瞬间之中的未来主义》,9,145

The Great Accelerator 《巨型加速器》,9,147,148

Grey Ecology 《灰色生态》,9

Ground Zero 《归零地》,102

The Information Bomb 《信息炸弹》,143

A Landscape of Events 《事件景观》,96-102,104,110,115,144,153

L'Insécurité du territoire 《领土威胁》,7-8

Negative Horizon 《否定性视域》,9,37

Open Sky 《开放天空》,152-153

The Original Accident 《原初事故》,9,116,130,153-154

Polar Inertia 《极惯性》,22,72-74,79,80,81-82,85,86-93,130,150,152

The Politics of the Very Worst 《最糟情况的政治》,157

Popular Defense and Ecological Struggles 《公众防卫与环保斗争》,8

Pure War 《纯粹战争》,5,122,157

Speed and Politics 《速度与政治》,8,150

Strategy of Deception 《欺骗策略》,65,68,69

The University of Disaster 《灾难大学》,9,22,72,93,147-148

　　　　Unknown Quantity 《未知数量》, 9
　　　　The Vision Machine 《视觉机器》, 22, 74-79, 93, 147, 150, 152
　　　　War and Cinema 《战争与电影》, 8, 22, 48, 53-56, 64, 67, 68, 69, 152
　　　　A Winter's Journey 《冬日旅程》, 155-156
　　negativism 否定论, 119
　　revelationary 启示性的, 45, 46
　　supposed aloofness from everyday life 对日常生活的所谓超然态度, 119
virtual imagery 虚拟影像, 78
virtual reality 虚拟现实, 43
virtualization of visual cultural life 视觉文化生活的虚拟化, 75
　　vision 视觉
　　　　cinematic seeing 电影式观看, 55-56, 57
　　　　cybernetic 控制论视觉, 107, 108, 109
　　　　indirect vision 间接视觉, 60, 65
　　　　industrialization of 视觉工业化, 78
　　　　limited human vision 有限的人类视觉, 74, 75
　　　　sightless vision 失明的视觉, 74, 75, 82
　　　　technologization of 视觉技术化, 32, 74, 76
　　vision and stasis in postmodern culture 后现代文化中的视觉与静止, 72-73
　　　　vision machine 视觉机器, 4, 71-72, 74-76, 77, 85
　　　　　account of production and dissemination of

　　　　　images　影像生成与传播的阐释,71,72
　　　　　analysis of objective reality　对客观现实的分析,75
　　　　　polar inertia　极惯性,92-93,93
　　　　　time and space dislocation　时间脱节与空间脱节,80
　　vision technologies　视觉技术,22,29,32,71,72,74,76,77,78,118
　　　　　assimilation of the body to　身体对视觉技术的适应,43
　　　　　essence of　视觉技术的本质属性,79,80,93
　　　　　impact on sense of movement　视觉技术对位移感的影响,81,93-94
　　　　　modern and postmodern vision　现代与后现代视觉,75
　　　　　paradoxical logic　视觉技术的矛盾逻辑,78,79
　　　　　"stability" of　视觉技术的"稳定性",86
　　　　　stasis or breakdown of　视觉技术的停滞或崩溃,89
　　　　　statistical imagery　统计型影像,76-77,80,81,85,86,89,90,91,92,94,161-162
　　　　　universal remote control space　万能遥控空间,80,82,84-87,94,163
　　visionics　视觉学,74
　　　　　visual discourses of distraction　视觉分神话语,96,109-112,114-115,116,118,163

W

Wahl, Jean　让·瓦尔, 5

War　战争

    aerialized war　空中战争, 53-54, 57-58, 59, 61, 63, 64, 66, 67

    and the aesthetics of disappearance　战争与消失美学, 52, 60-62

    capacities for movement　移动能力, 52, 53, 62-65

    cinematic ideas of　电影中的战争观念, 22, 64-65

    conscientious objectors　有良知的反对者, 100

    conventional academic models of　战争研究的传统学术模式, 143

    convergence of media and military technologies　媒介与军事技术的合而为一, 144, 160

    "flying into the unknown"　"飞入未知领域", 54-55

    new era of　战争新时代, 98, 99

    and perceptual phenomena　战争与感知现象, 64

    total war　全面战争, 52

    Western policy of　西方的战争政策, 98-100

    see also Gulf War; Iraq War; Kosovo War; War on Terrorism　参见海湾战争；伊拉克战争；科索沃战争；反恐战争

War on Terrorism　反恐战争, 110, 163

weapon systems　武器系统

communications weapons 传播武器,101
"flying into the unknown" "飞入未知领域",54-55
logistics of perception "感知后勤",56,65
revolution in 武器革命,101
weaponization 武器化,53,65,69
Wells, H. G. H. G. 威尔斯,9
Wiener, Norbert 诺伯特·维诺,89
Wirth, Louise 路易丝·沃思,17
World Trade Center 世贸大厦
　　February 1993 attack 1993年2月世贸大厦袭击案,96,97,99,100
　　September 2001 attack 2001年9月世贸大厦袭击案,103
World War I 第一次世界大战,54,55
　　air reconnaissance operations 空中侦察行动,66
World War II 第二次世界大战,6,87
　　cine-military systems 电影-军事系统,67-68
　　cinema 电影,48-52
　　military-technological separation 军事-技术分离,68
　　and spread of sociopolitical cybernetics 第二次世界大战与社会政治控制论的传播,87

Z

zoophilism 嗜兽癖,37,38,55

图书在版编目(CIP)数据

维利里奥论媒介/(英)约翰·阿米蒂奇(John Armitage)著;刘子旭译.--北京:中国传媒大学出版社,2019.11(2020.11重印)
(传播与中国译丛／黄旦,孙玮主编.媒介道说系列)
书名原文：Virilio and the Media
ISBN 978-7-5657-2615-6

Ⅰ.①维… Ⅱ.①约… ②刘… Ⅲ.①传播媒介－研究 Ⅳ.G206.2

中国版本图书馆CIP数据核字(2019)第216275号

Copyright © John Armitage 2012
ISBN-13:978-0-7456-4228-4
ISBN-13:978-0-7456-4229-1(pb)
本书英文版于2012年由Polity Press出版。
本书简体中文版专有出版权由Polity Press授予中国传媒大学出版社,在全球销售。未经出版者书面许可,不得以任何形式抄袭、复制或节录本书中的任何部分。
北京市版权局著作权合同登记 图字:01-2019-6144

维利里奥论媒介
WEILILIAO LUN MEIJIE

主　　编	黄旦　孙玮
著　者	[英]约翰·阿米蒂奇(John Armitage)
译　者	刘子旭
校　译	黄文杰
策划编辑	张毓强
特约策划	李唯梁
责任编辑	曾白凌
特约编辑	李俊可
封面设计	运平设计
责任印制	阳金洲
出版发行	中国传媒大学出版社
社　　址	北京市朝阳区定福庄东街1号　邮编:100024
电　　话	86-10-65450528　65450532　传真:65779405
网　　址	http://cucp.cuc.edu.cn
经　　销	全国新华书店
印　　刷	北京中科印刷有限公司
开　　本	880mm×1230mm　1/32
印　　张	7.75
字　　数	155千字
版　　次	2019年11月第1版
印　　次	2020年11月第3次印刷
书　　号	ISBN 978-7-5657-2615-6/G·2615　定价 55.00元

版权所有　　翻印必究　　印装错误　　负责调换